O peixe morre
pela boca,
e você também.

Dados Internacionais de Catalogação na Publicação (CIP)
(Câmara Brasileira do Livro, SP, Brasil)

Ribeiro, Alda
    O peixe morre pela boca, e você também / Alda
Ribeiro. – São Paulo : Ícone, 2001.

ISBN 85-274-0652-7

1. Nutrição 2. Metabolismo 3. Alimentos
4. Hábitos alimentares I. Título.

	CDD-612.3
01-1229	NLM-WB 400

Índices para catálogo sistemático:

1. Nutrição e metabolismo : Fisiologia humana :
    Ciências médicas   612.3

Dra. Alda Ribeiro

O peixe morre pela boca, e você também.

2ª edição

© Copyright 2001.
Ícone Editora Ltda.

Revisão
Marcus Macsoda Facciollo

Diagramação
Rejane Mota

Capa
Sandro Gemaque
Isabel Reis Guimarães

Proibida a reprodução total ou parcial desta obra de qualquer forma ou meio eletrônico, mecânico, inclusive através de processos xerográficos, sem permissão expressa do editor (Lei n° 9.610/98).

Todos os direitos reservados pela
ÍCONE EDITORA LTDA.
Rua das Palmeiras, 213 – Santa Cecília
CEP 01226-010 – São Paulo – SP
Tel./Fax.: (11) 3666-3095
www.iconelivraria.com.br
E-mail: editora@editoraicone.com.br

Sumário

1. *No aconchego da comida,* 9
2. *Metabolismo: o jogo dos hormônios,* 13
3. *Uma fábrica de gordura,* 21
4. *E esse bendito colesterol?,* 27
5. *Cuidado com a barriga,* 35
6. *Fazendo uma boa faxina,* 47
7. *O gesto sábio do passo,* 57
8. *Ferrugem: livre-se quem puder,* 65
9. *Alimento: o melhor medicamento,* 75
10. *Proteínas: tijolos para construir,* 79
11. *Carboidratos: lenha para queimar,* 85
12. *Gorduras: cimento para resistir,* 97
13. *Vitaminas para equilibrar,* 105
14. *Minerais para funcionar,* 113
15. *Comida inteligente para um cérebro eficiente,* 125
16. *O pâncreas e seus malabarismos,* 133
17. *A maravilhosa sinfonia dos neurotransmissores,* 141
18. *Vasculhando suas gavetas,* 147
19. *Os hábitos nossos de cada dia,* 153
20. *A felicidade precisa de espaço,* 161

   Mensagem, 163

   Projeto Saúde Inteligente, 165

   Sobre a autora, 166

Dedico este livro às minhas filhas, com quem muito tenho aprendido.

Capítulo 1

No aconchego da comida

Cada vez que nos sentamos à mesa para comer estamos participando de um ritual que infelizmente deixou de ter o simples papel de suprir nossa necessidade física de nutrientes. Comemos não só por fome de comida, mas para matar tantas outras fomes. Infelizmente não temos comido para viver, mas vivido para comer. Pelo menos é o que mostra o crescente aumento de pessoas obesas e das doenças aceleradas pela obesidade.

Quando nosso estômago está vazio é acionado o centro cerebral da fome, e sentimos necessidade de "colocar alguma coisa no estômago"; depois, um outro centro cerebral, o da saciedade, é ativado e paramos de comer porque já estamos satisfeitos.

Quando comemos para matar a fome, comemos o que tem para se comer e paramos de comer quando nosso centro da saciedade assim determina. Quando comemos para saciar o apetite, comemos para matar a vontade de algo específico que servirá não para nos nutrir, mas para nos acalmar. Comemos, então, compulsivamente, e não nos satisfazemos porque a comida, neste caso, não é capaz de saciar outras fomes.

O mecanismo funcionaria como um reloginho bem regulado se comêssemos apenas para matar a fome do estômago. Se isso assim acontecesse não haveria pessoas comendo mais do que o necessário, nem comendo alimentos sabidamente prejudiciais à saúde. Grande parte daqueles alimentos capazes de comprometer nossa saúde são comidos não porque são nutritivos, mas porque são gostosos.

Somos seres bio-psico-sociais, sendo assim, temos necessidades físicas, emocionais e sociais. Qualquer de nossas necessidades que não esteja sendo satisfeita cria dentro de nós a sensação de que está faltando algo, mas nem sempre sabemos o que é. Então, comemos quando falta afeto, quando está baixa nossa auto-estima, quando não nos sentimos realizados, quando nossos esforços não são reconhecidos, quando não conseguimos nos sintonizar com os outros ou quando não conseguimos extravasar nossas emoções.

Como nasceu em nós essa atitude de "tampar o sol com a peneira", de trapacear o nosso corpo, dando uma coisa no lugar de outra? O primeiro aprendizado, sobre quem somos e como lidar com as nossas necessidades, acontece em casa, dentro da nossa família. É ali que aprendemos ou não a ser indivíduos, incorporamos hábitos, aprendemos a seguir o relógio de pulso e não o nosso relógio interno, lidamos com as primeiras imposições externas e criamos nossos primeiros mecanismos de defesa. E comer é um deles.

E assim prosseguimos comendo para comemorar, comendo porque estamos tristes, preocupados, porque queremos colo, para agradar aos outros, para nos sentirmos parte de um grupo, para "acalmar nossa boca nervosa", para engolir a raiva, para diminuir a culpa ou para "afogar as mágoas". Quando usamos a comida para "matar" tantas fomes procuramos alimentos gostosos, que tenham para a gente um significado especial, que nos tragam de volta sensações agradáveis, que "adocem" a nossa vida, nos aqueçam e nos preencham. Ninguém vai buscar consolo num prato de alface! É mais comum fazê-lo num suculento prato de lasanha, numa *banana split* ou numa caixa de bombons. A palavra emoção vem do latim, *movere*, que quer dizer entrar em movimento. Toda e qualquer emoção desencadeia dentro da gente uma necessidade de agir, de ir em busca daquilo que vai nos satisfazer. Mas toda ação provoca uma reação. E será que estamos dispostos a lidar com toda a transformação que nossas atitudes podem desencadear? Quando deixamos de ser passivos e passamos a ser ativos é que ocupamos nosso espaço no mundo e construímos a nossa história. Do contrário, ocuparemos nosso espaço de outra forma, engordando. Nosso único problema passa a ser o peso, nosso único objetivo emagrecer, a solução a dieta do momento e nosso aferidor de felicidade a balança.

Sendo assim, da próxima vez que surgir a vontade de comer mesmo estando com o estômago cheio, pare e pergunte pra você: "Você está com fome de quê?". Depois, coma, mas consciente de que a comida não vai satisfazer suas reais necessidades. Talvez comer seja uma cômoda maneira que você encontrou de se esconder e não ter que amadurecer para poder conquistar o espaço que lhe cabe no mundo. Bom apetite!

Capítulo 2

Metabolismo: o jogo dos hormônios

Somos feitos de inúmeras células que precisam estar protegidas e alimentadas, pois têm trabalho a realizar. Sua saúde depende da eficiência das reações químicas que garantem a integridade de suas estruturas e a produção de energia. Essas reações químicas ocorrem mesmo diante de condições ambientais adversas.

A capacidade do organismo de manter um estado interno constante e normal, denominado homeostase, enquanto realiza numerosas e complexas reações químicas, apesar das constantes alterações no ambiente, deve-se à eficiência de mecanismos reguladores específicos que envolvem o sistema nervoso e as glândulas endócrinas.

Metabolismo é, portanto, o conjunto das reações químicas que acontecem em nosso organismo, capaz de manter a homeostase.

Os sinais que nos levam a reagir às mudanças do meio, a fim de manter a homeostase, são transmitidos através dos nervos ou através da liberação de hormônios específicos.

Os estímulos transmitidos pelos nervos conseguem uma resposta rápida e localizada, pois eles agem sobre células isoladas.

Os estímulos transmitidos através dos hormônios conseguem uma resposta mais lenta, mas duradoura e generalizada, pois os hormônios, por circularem pelo sangue, podem influenciar células diversas.

As glândulas endócrinas: mães dos hormônios

Glândula é um órgão especializado, cuja função é elaborar produtos e colocá-los à disposição do organismo. Existem glândulas cujos produtos são lançados na superfície ou no interior do corpo, cujo efeito é localizado. São as glândulas exócrinas, e têm como exemplos as glândulas lacrimais, salivares, sudoríparas, sebáceas, mamárias, o pâncreas exócrino (produtor do suco pancreático) e o fígado (produtor da bile). As glândulas endócrinas, membros mais sofisticados dessa família, lançam suas secreções no sangue, obtendo um efeito mais generalizado. Os produtos das glândulas endócrinas são substâncias especiais, com funções específicas, denominadas hormônios.

Hormônio é, então, um mensageiro produzido por uma glândula endócrina, portador de uma ordem a ser executada. Apesar de viajar pelo sangue e ter acesso a inúmeras células do organismo, apenas aquelas células escolhidas, denominadas células-alvo, que contêm receptores onde os hormônios conseguem se encaixar para cumprir sua função, são capazes de receber a mensagem, entendê-la e executá-la.

O estímulo para a liberação do hormônio pode ser transmitido por um nervo ou pela mudança de alguma substância no sangue. Como os hormônios têm efeitos tão significativos sobre todo o organismo, o controle de sua produção precisa ser rigoroso.

Os hormônios são controlados por um mecanismo denominado *feedback* negativo ou retroalimentação negativa, mecanismo através do qual a oscilação de um hormônio no sangue dá a partida num circuito que envolve o cérebro, a hipófise (glândula-mãe) e uma glândula-filha, que acabará corrigindo a alteração inicial e recuperando a ordem. As glândulas endócrinas são assessoras do cérebro e ficam "de olho" nas mínimas alterações na qualidade do sangue, às quais reagem imediatamente para recuperar a homeostase. Existem duas substâncias que circulam pelo sangue cujas concentrações devem ser mantidas sob rigorosos limites, pois delas dependem a nossa vida: a glicose e o cálcio. A glicose, porque é a única fonte de energia capaz de alimentar o cérebro, e o cálcio porque é o mineral indispensável à contração muscular, e oscilações em sua concentração no sangue comprometem a função dos músculos e em especial o músculo do coração.

Uma conversa entre a insulina e o glucagon

Para que o cérebro possa trabalhar bem ele precisa contar com um aporte de glicose regular, cuja concentração no sangue, a glicemia, deve manter-se entre os níveis de 60 e 120 mg%. Contamos com um órgão extraordinário e versátil, parecido com um secador de cabelos, localizado atrás do estômago, muito pouco falado pois trabalha nos bastidores, controlando a glicemia para que seu chefe possa brilhar: o pâncreas. Trata-se de uma glândula completa, pois possui uma porção exócrina, produtora do suco pancreático (mistura de enzimas responsáveis pela digestão final de todos os alimentos) e uma porção endócrina, as ilhotas de Langerhans, produtora de dois importantes hormônios de efeitos antagônicos: a insulina e o glucagon, de cujo equilíbrio depende a estabilidade da glicose do nosso sangue.

Uma sinfonia de hormônios para o cálcio

Da mesma maneira que podemos contar com reservas de glicose na forma de glicogênio e gordura, contamos também com um enorme reservatório de cálcio em nosso corpo: o nosso esqueleto. Quando após a digestão a concentração do cálcio no sangue encontra-se alta (porque a refeição ingerida foi rica em cálcio), a tireóide é acionada para liberar um hormônio, a calcitonina, cuja mensagem é: retire o excesso de cálcio do sangue e jogue nos ossos.

Caso aconteça o contrário, você pulou uma refeição ou não comeu nada significativamente rico em cálcio e a concentração de cálcio no sangue abaixou, as paratireóides, glândulas localizadas no pescoço, do lado da tireóide, são acionadas e liberam seu hormônio: o PTH (paratormônio) cuja mensagem é: retirem o cálcio dos ossos e joguem-no no sangue. E assim, restabelece-se o equilíbrio deste mineral.

Os hormônios sexuais desempenham um papel importante na regulação da qualidade dos nossos ossos: cuidam para que a taxa de degradação de osso velho não ultrapasse a de produção de osso novo. Se pensarmos que o objetivo dos hormônios sexuais, estrogênio na mulher e testosterona no homem, é a perpetuação da espécie, eles garantem a manutenção da vitalidade e da resistência de ambos os sexos.

Atenção: perigo à vista!

Quando o perigo não vem de dentro do sangue, mas vem de fora: um perigo real ou imaginário nos ameaça, as supra-renais são acionadas para liberarem adrenalina e cortisona. A cortisona é um antiinflamatório natural, capaz de diminuir nossa percepção da dor, necessária nos momentos de perigo. A adrenalina é uma amiga que nos ajuda a escapar dos perigos, desencadeando uma reação rápida, em que todo o organismo prepara-se para lutar ou fugir.

Na reação de luta ou fuga o coração bate mais rápido, a pressão sobe, a respiração torna-se superficial, o sangue é canalizado para os músculos que se preparam e o sangue recebe um extra de glicose para garantir que não falte energia para a batalha. Se a ameaça perdura a gordura é acionada para fornecer mais energia e "pacotinhos" de triglicérides migram da periferia para o fígado para serem transformados em glicose. Da mesma maneira, para que as glândulas trabalhem em conjunto para nos possibilitarem "agüentar a barra" solicitam constante aporte da matéria-prima utilizada para a fabricação dos seus hormônios, o colesterol, cuja fabricação pelo fígado é intensificada, aumentando a sua concentração no sangue.

Tudo isso explica porque quando atravessamos uma situação estressante, que nos obriga a continuar vivendo apesar dos problemas, podemos ser surpreendidos por oscilações da pressão arterial, da glicemia, dos triglicérides e do colesterol em nosso sangue. Caso a situação estressante persista pode ultrapassar a capacidade de nosso organismo de se adaptar e deixamos de ter simples flutuações destas variáveis para termos patologias conclamadas: hipertensão arterial, diabetes e problemas circulatórios.

Com ânimo, sem sair do ritmo

A hipófise, glândula-mãe, além de supervisionar e controlar o trabalho de suas filhas (tireóide, supra-renais, ovários, testículos, etc.), produz dois outros hormônios importantes: a prolactina, hormônio que estimula as glândulas mamárias a produzirem leite, e o GH (hormônio do crescimento), que na criança faz crescer e no adulto é responsável pela reparação dos tecidos danificados pelas atividades cotidianas. As proteínas presentes nos músculos e em outros tecidos precisam desse hormônio para serem ressintetizadas. Pouco GH diminui a capacidade de reconstituição do corpo e aumenta a tendência a doenças degenerativas. Sua produção diminui com a idade, com o sedentarismo e com uma alimentação rica em carboidratos. A produção de GH é estimulada pela atividade física e pela baixa ingestão de açúcar. Sua liberação é maior à noite e pode ser inibido por uma refeição rica em carboidratos (amidos e açúcares) à noite. É por isso que se recomenda que "se tome café como um rei, almoce como príncipe e jante como mendigo" se quiser manter a vitalidade e a boa forma física.

As glândulas trabalham como uma orquestra bem ensaiada que não perde o ritmo. A glândula responsável pelo controle do ritmo dos órgãos do corpo é a tireóide, que ainda é a responsável pela aceleração da queima da gordura e a produção de calor em nosso organismo. Ela localiza-se no pescoço e precisa para produzir seus hormônios do iodo, que passou a ser acrescentado ao sal de cozinha para evitar sua carência e a grave repercussão sobre a tireóide.

Em sintonia com a natureza

Exatamente no centro do nosso cérebro localiza-se uma pequenina glândula chamada pineal, em número de quatro e da forma e do tamanho aproximado de uma ervilha. É na pineal que acontece a produção de um hormônio chamado melatonina, um importante antioxidante interno, capaz de desencadear o sono.

Quando a luz entra pela retina gera impulsos elétricos que atingem a pineal e estimulam a transformação de um aminoácido presente no sangue, o triptofano, em serotonina. Enquanto os olhos detectam a luz solar produzem serotonina.

Quando escurece, a glândula começa a transformar a serotonina em melatonina, que é lançada na circulação. A luminosidade do amanhecer começa a interromper a produção de melatonina e a estimular a produção de serotonina. A melatonina regula a nossa vida sob o ponto de vista biológico e hormonal.

É ela que sintoniza nosso organismo com a natureza: funciona como relógio, calendário e bússola para nossa orientação temporal/espacial. A melatonina propicia os estágios profundos do sono, regula a produção de diversos hormônios, por ser um potente antioxidante aumenta a resistência do organismo a infecções e regula o processo de envelhecimento, sendo um antídoto contra o *stress* e os efeitos da adrenalina. É por isso que se diz que dormir faz bem pra pele. Não só para ela!

É um hormônio que também é secretado por células da parede do intestino que são acionadas quando o intestino percebe que não chegou matéria-prima para se produzir energia e resolve poupar a energia existente desencadeando o sono. "Quem come pouco também dorme melhor!"

Alguns fatores atrapalham a liberação da melatonina: café e chá (preto e mate), álcool (apesar de aliviar a ansiedade e ajudar a dormir, produz efeito várias horas depois, diminuindo o sono profundo, revitalizador, e aumentando a frequência do despertar), ansiedade e tensão, chocolate e refrigerantes, medicamentos para asma e para pressão alta.

E à medida que o tempo passa...

Com o passar dos anos observa-se uma menor resposta das células-alvo aos hormônios. Em conseqüência disto ocorre uma diminuição na produção dos hormônios. Não porque as glândulas não consigam mais produzi-los, mas porque as células capazes de responder a eles envelheceram.

É importante lembrar um experimento clássico realizado em laboratório com ratos. Os cientistas utilizaram como objetos de estudo um rato jovem e um rato velho. Injetaram células do rato jovem no organismo velho e células do organismo velho no rato jovem. Após um período verificaram que as células do rato jovem no organismo velho envelheceram e as células do organismo velho no organismo jovem rejuvenesceram, demonstrando que "mais importante que a idade do organismo é o ambiente com o qual ele convive!". Sendo assim, para ajudarmos nossos hormônios a agir precisamos assegurar com nossos hábitos de vida um ambiente saudável no interior do nosso sangue. Se o "jogo de cintura" de nosso organismo diminuiu com os anos precisamos ajudá-lo buscando um estilo de vida que propicie o treino da flexibilidade física e mental.

Capítulo 3

Uma fábrica de gordura

Quando nos pesamos na balança temos uma idéia do peso em conjunto das estruturas que compõem o nosso corpo: não só da gordura, mas também dos músculos, ossos, água, além do peso dos órgãos.

Gordura: pesa pouco mas ocupa muito espaço.
Músculo: pesa muito mas ocupa pouco espaço.

Pesquisas realizadas na Universidade de Lausanne, Suíça, concluíram que "os obesos pesam muito porque comem muito, e não apenas por causa de defeitos do metabolismo que reduzem a 'queima' da gordura. Além de comerem mais os obesos parecem buscar alimentos particularmente doces e gordurosos, característica que teria origem na genética. O problema metabólico pode ser responsável por no máximo cinco quilos. O resto seria resultado de hábitos errados, em particular comida inadequada e vida sedentária".

Porcentagem de gordura versus peso corporal

Tanto a quantidade de gordura corporal quanto a sua localização estão relacionadas a riscos para certas patologias. Alta porcentagem de gordura corporal tem sido relacionada ao aumento de doenças, mesmo quando o peso corporal total é normal. A relação entre a gordura corporal e o peso total é mais importante que o peso total. Por isso, o IMC (Índice de Massa Corpórea) e as medidas tiradas com a fita métrica são mais fiéis do que o peso acusado pela balança isoladamente.

IMC = Peso / Altura x Altura
IMC > ou = a 25 é considerado obesidade

Dieta hipocalórica

Quando a ingestão calórica é menor que o gasto ocorre perda de peso. A redução do peso nos primeiros dias de toda dieta hipocalórica deve-se principalmente à diminuição do conteúdo de água e das reservas de carboidratos (glicogênio). O fígado leva cerca de 48 horas para produzir as enzimas que se encarregarão de promover a "quebra da gordura". Sendo assim, antes desse tempo a perda que se observa na balança é de água e não de gordura. Continuando a dieta a tendência é de grande parte da gordura corporal ser "queimada" para compensar a deficiência calórica pela redução da comida.

É geneticamente impossível perder mais do que 500 – 750 g de gordura corporal por semana: se perder mais peso do que isso será à custa de água e massa muscular (acaba "comendo" os próprios músculos).

Perda de peso por desidratação aguda ou crônica não é emagrecimento, é desidratação! A proteína e o glicogênio estão incorporados aos tecidos sempre ligados à água.

Numa dieta hipocalórica, quando o número de moléculas de glicogênio ou de proteínas diminui, ocorrerá perda obrigatória de água.

Os hormônios e o peso corporal

A insulina e o glucagon têm ações contrárias: enquanto a insulina tira a glicose do sangue e facilita sua transformação em gordura, sendo o único hormônio "formador de gordura", o glucagon faz o contrário: facilita a quebra da gordura. Assim, toda perda de gordura é em decorrência da diminuição da liberação da insulina e do aumento do glucagon. Poderemos dizer, então, que "a insulina é o hormônio que faz engordar e o glucagon é o hormônio que faz emagrecer".

Os hormônios da tireóide, T3 e T4, desempenham um papel importante na regulação da quantidade de tecido gorduroso no corpo. A deficiência desses hormônios, o hipotireoidismo, diminui a queima da gordura e predispõe à obesidade. O excesso dos mesmos hormônios, hipertireoidismo, leva à queima acentuada da gordura e da massa muscular, com emagrecimento importante.

O estrogênio aumenta a sensibilidade de nossas células à insulina, facilitando o emagrecimento. A progesterona, hormônio produzido no período pós-ovulatório, na segunda metade do ciclo menstrual da mulher, é a responsável pelo aumento do apetite e pela maior retenção de líquido da TPM (Tensão Pré-Menstrual). Existe também uma relação entre essas alterações e a deficiência de vitaminas do complexo B, em especial a vitamina B6. Pode ser aliviada diminuindo-se a ingestão de farinhas e açúcares refinados, de sal e de substâncias excitantes como café, chá preto e mate, álcool e chocolate.

As mulheres são geneticamente mais eficientes em armazenar gordura do que os homens, por sua capacidade de gerar filhos. Com isso seus sistemas são mais eficientes no armazenamento de reservas para antes e depois da gravidez.

As dietas não funcionam

Dietas mal programadas causam grande perda de água corporal e proteína muscular ao invés de levar à perda só de gordura. São essas dietas as responsáveis pelo maior número de falências do tratamento da obesidade, porque são acompanhadas de desidratação e desnutrição, que podem ser vistas no aspecto da pessoa: emagrece, sim, mas envelhece também!

Tão importante quanto atingir o peso corporal ideal é evitar suas grandes oscilações, o conhecido efeito "gangorra". Mais importante do que entrar numa dieta para "perder" peso rapidamente é adotar uma filosofia alimentar saudável que escolhe os alimentos pelo seu valor nutritivo e não apenas porque têm poucas calorias e "não engordam". O peso ideal deve ser uma conquista para a saúde, a longo prazo, o que acabará por refletir esteticamente, mas não vale a pena conquistá-lo à custa da saúde.

Triglicerídeos: nossa reserva para o futuro

A maior parte da gordura da nossa dieta e do nosso corpo encontra-se na forma de triglicérides. O excesso de triglicérides é armazenado nas células especializadas, as células adiposas ou gordurosas. O corpo humano tem uma capacidade ilimitada de armazenar gordura!

Como o sangue é feito basicamente de água, as gorduras que estão no sangue não podem circular se não estiverem ligadas a proteínas especiais capazes de carreá-las pelo sangue. Essas proteínas recebem nomes especiais de acordo com suas características e transportam determinados tipos de gorduras:

- LDL – transporta colesterol do fígado para os tecidos;
- HDL – transporta colesterol dos tecidos para o fígado.

Os tipos de proteínas carreadoras de gordura que predominam no sangue de uma pessoa estão relacionadas à tendência a patologias cardiocirculatórias ou à proteção contra elas. A quantidade de triglicérides pode estar aumentada no sangue por causas primárias (familiares) ou secundárias a outras situações como: obesidade, diabetes descompensado, excesso de calorias na dieta, ingestão abusiva de álcool, consumo excessivo de carboidratos (principalmente açúcar), aumento da ingestão de gordura saturada, hipotireoidismo, gota.

O aumento dos triglicérides no sangue aumenta o risco de doença coronariana e conseqüentemente de infarto agudo do miocárdio, já que aumenta a coagulabilidade do sangue, facilitando a formação de trombos que obstruem a circulação.

O excesso de triglicérides costuma estar associado à obesidade, já que a nossa gordura armazenada é uma fábrica que libera triglicérides para a circulação. O excesso atrapalha a eficiência de ação da insulina, que passa a ser liberada em maior quantidade na tentativa de compensar sua menor eficiência. O fato da insulina aumentar em quantidade não melhora a qualidade de seu desempenho, não sendo capaz de trazer a glicose para dentro das células de maneira satisfatória, predispondo ao aparecimento de diabetes.

Capítulo 4

E esse bendito colesterol ?

Colesterol é com certeza o tema médico mais polêmico dos últimos anos. O que inicialmente parecia apenas uma questão de lógica tornou-se um problema ainda hoje contraditório e indefinido. Parecia óbvio o raciocínio feito quando descobriram que existia uma relação entre a quantidade de colesterol no sangue e o risco de problemas cardiocirculatórios. Pensava-se assim: para diminuir o colesterol que está alto no sangue basta diminuir o colesterol que se come. E não foi o que se observou na prática.

Quantas e quantas pessoas, ao cortarem radicalmente o colesterol de sua alimentação, observaram decepcionadas que no exame de controle realizado após um período de "abstinência", ao invés do colesterol descer ele subiu. Foi, então, que se percebeu que não era tão simples assim. Esse quebra-cabeça ainda não está completo, algumas peças precisam ser colocadas. Mas o que se sabe é que o aumento do colesterol e das gorduras no sangue desempenha papel coadjuvante nos problemas circulatórios. Existem outros fatores a desempenhar papel principal.

Sem contar algumas contradições encontradas sobre esse assunto que nos põem a pensar, como, por exemplo, o fato de muitos pacientes com doença cardíaca terem níveis de colesterol normais no sangue. O fato do colesterol estar normal no sangue não significa que não se corra o risco de doenças cardíacas. Como explicar a alimentação dos mediterrâneos (italianos e gregos), dos esquimós e dos masai (tribo da África) serem ricas em gordura e haver baixa incidência de doenças do coração nesses grupos? Fica difícil hoje explicar para as pessoas que o colesterol é uma substância de que precisamos para construir e manter o nosso organismo e que ele em si não é o vilão. A palavra colesterol provoca nas pessoas terror! E saber-se com o colesterol alto é o suficiente para fazê-lo subir ainda mais. Trata-se de uma ameaça e como tal obriga o fígado a "despejar" no sangue mais colesterol, matéria-prima para produzir os hormônios do *stress*.

O colesterol não é o vilão

O colesterol não é uma gordura, é um álcool esteróide que ajuda a dar estrutura às membranas celulares dos animais. É sintetizado pelos animais, as plantas não sabem fazê-lo. É um agente antioxidante que protege as células, precursor da síntese de hormônios e integrante da bile. Circula em nossa corrente sangüínea ligado a proteínas carreadoras que determinam a existência de dois tipos de colesterol em nosso sangue: o HDL e o LDL, intimamente conhecidos como o bom e o mau colesterol.

O corpo humano consegue fabricar por dia um grama de colesterol e absorver 300 mg a partir da alimentação (pouco mais do que existe de colesterol na gema do ovo). O fígado e o intestino são as maiores fábricas de colesterol do nosso corpo e ele é excretado principalmente na forma de sais biliares através das fezes. Quanto mais colesterol ingerimos, menos produzimos, quanto menos ingerimos, mais produzimos!

O colesterol pode aumentar no sangue através de três mecanismos: por aumento da absorção intestinal (porque se come mais), por aumento da produção interna (situações estressantes, por exemplo) ou por menor degradação e excreção pelas fezes.

Existem dois tipos de colesterol que ingerimos, mas apenas um deles é prejudicial: o colesterol puro, que não prejudica as artérias, e o colesterol oxidado ou oxicolesterol. O colesterol encontrado nas carnes, ovos, leite e derivados é puro até ser aquecido e processado, quando parte dele é transformado em oxicolesterol. O oxicolesterol pode ser ingerido através dos alimentos ou fabricado internamente com a participação dos radicais livres.

A homocisteína é um aminoácido que surge a partir do metabolismo das proteínas e circula pelo sangue transportada pelo colesterol LDL. Caso se encontre em concentrações elevadas no organismo torna-se perigosa. A homocisteína é produzida internamente em grande parte a partir das proteínas animais ingeridas (carnes, peixes, leite e laticínios) e em menor quantidade a partir das proteínas vegetais. Sua excreção, e conseqüentemente o controle de sua concentração no sangue, depende da ação conjunta de 3 vitaminas do complexo B: vitaminas B6, B12 e ácido fólico. Sendo assim, uma alimentação muito rica em proteínas, mas deficiente nessas vitaminas excretoras, leva ao aumento da homocisteína no sangue.

Como se forma uma placa de gordura

Placa é o resultado do espessamento da parede de uma artéria causado por um supercrescimento de células musculares e depósito de tecido fibroso. Para se formar uma placa a primeira coisa que acontece é uma lesão na parede da qual a homocisteína participa: estimula o supercrescimento das células musculares e libera substâncias que destroem o tecido elástico da artéria. Resultado: uma parede arterial espessada, rígida, inelástica, sobre a qual depositam-se gordura, colesterol e cálcio. O colesterol LDL apenas torna-se "agressivo" quando é oxidado pela homocisteína e pelos radicais livres presentes na circulação. Ele é, então, devorado pelas células de defesa e depositado na parede da artéria lesada.

Não basta evitar os alimentos que contenham o oxicolesterol, é necessário que se tenha baixos níveis de homocisteína e menos radicais livres para que se forme menos oxicolesterol internamente. Reduzir o colesterol do sangue, simplesmente, não impedirá o endurecimento das artérias. É preciso também impedir que as artérias sejam agredidas e que o colesterol se oxide.

Por que essas 3 vitaminas diminuem no sangue?

As vitaminas B6, B12 e ácido fólico estão faltando na dieta por causa do processamento e da refinação dos alimentos. São vitaminas muito sensíveis. Quando passamos a consumir alimentos à base de trigo refinado (pão branco, macarrão branco), arroz polido, açúcar refinado, milho processado e legumes e frutas enlatados empobrecemos nossa alimentação e criamos um terreno fértil para que as nossas artérias se entupam. Na busca da comida mais prática, mais popular e mais "bonita", pagamos o preço de ficar com artérias ineficientes e se apesar disso conseguirmos viver mais, seguramente não viveremos melhor!

Para aumentar o consumo dessas vitaminas devemos evitar preparar carnes a altas temperaturas e durante muito tempo: cozinhar o mínimo de tempo possível, mesmo que seja no vapor. E fritar, nem pensar! O mesmo vale para os legumes e verduras: na medida do possível consumi-los crus e se precisar cozinhar, fazê-lo levemente ou no vapor. Optar por frutas frescas ao invés de sucos e eliminar definitivamente os carboidratos refinados.

O perigoso oxicolesterol

Que alimentos contêm oxicolesterol? Aqueles nos quais o colesterol foi oxidado. Toda vez que um alimento que contenha colesterol for elevado a altas temperaturas, durante bastante tempo, corre o risco de seu colesterol ser oxidado. Isso acontece, por exemplo, nas frituras das carnes, do ovo ou no preparo do leite e derivados.

O caso do leite

O leite tornou-se um assunto extremamente difícil e polêmico, e acho que o assunto ainda não está fechado: temos muito ainda o que aprender! Para que possamos tomar o leite sem o risco de contaminação, é necessário que ele seja pasteurizado ou esterilizado. No primeiro caso a temperatura é alta o suficiente para matar as bactérias inimigas, mas preservar as amigas, os lactobacilos. No segundo caso, morrem todas.

Ao se elevar o colesterol a temperaturas tão altas corre-se o risco de oxidá-lo. Pior ainda parece acontecer no caso do leite em pó, pois para que se transforme em pó precisa ser desidratado, ficando exposto mais tempo a altas temperaturas, sendo, portanto, mais rico em oxicolesterol.

O mesmo raciocínio deve valer para a manteiga que, se consumida, não deve ser aquecida. Fritá-la nem pensar!!! Os queijos mais frescos são melhores não porque têm menos gordura (têm o mesmo tanto que os outros) mas porque sua gordura está menos oxidada que aquela dos queijos mais curados ou processados, desde que não o coloquemos no forno ou na frigideira para fritar.

Quando deixamos um queijo fresco exposto ao ar (que contem oxigênio, calor, umidade – agentes oxidantes) ele vai se tornando mais curado, sua casca se espessa e seu sabor vai se modificando, porque se oxidou. Por isso que recomendamos queijos mais frescos e com menos gordura: ricota ou *cottage*.

Ovo, esse injustiçado

No ovo fresco, o colesterol está protegido do oxigênio do ar pela casca e depois pela membrana que envolve a gema. Mas quando esse colesterol é submetido a altas temperaturas vai se oxidar. O ovo é um ótimo alimento desde que: seja caipira, seja fresco, não tenha mais que 15 dias, não seja consumido mais que 3 por semana – sendo no máximo um por dia, entrando como substituto da carne ou do queijo na refeição, seja consumido cozido ou na água (pochê), não seja frito, nem feito omelete e nem como bolo.

Tem-se falado muito do ovo em pó, utilizado pelas indústrias na fabricação de inúmeros alimentos. Nele o colesterol atinge o máximo de oxidação, sendo prudente, por mais esse motivo, diminuir o consumo de alimentos industrializados.

Níveis do colesterol total no sangue

- Baixo risco – colesterol total menor que 200 mg/dl
- Limite – colesterol total entre 200-239 mg/dl
- Alto risco – colesterol total maior que 240 mg/dl

Níveis sangüíneos ideais do colesterol total e frações

- Colesterol total – 130 a 200 mg/dl
- Colesterol LDL – 100 a 150 mg/dl
- Colesterol HDL – maior que 35mg/dl (quanto maior, melhor!)

O que faz aumentar o colesterol?

Fumo, consumo exagerado de café, consumo diário de uma única refeição copiosa (cerca de 90% das calorias do dia), obesidade, excesso de calorias, diabetes, hipotireoidismo, obstrução biliar, deficiência de vitaminas do complexo B devido ao refinamento das farinhas e dos açúcares, gravidez. Mas mais importante do que simplesmente diminuir o colesterol é ter hábitos saudáveis que diminuam a produção interna de radicais livres, capazes de oxidar o colesterol LDL e, aí então, transformá-lo num perigo.

O que faz diminuir o colesterol?

Fome crônica, exercício físico, emagrecimento progressivo, hipertireoidismo, insuficiência de função do fígado.

Conclusão, se é que podemos concluir alguma coisa sobre esse assunto

Passamos anos atordoados dosando o colesterol, apavorando-nos e cortando drasticamente toda gordura de nossa alimentação, sem sabermos muito bem o porquê. Adotamos uma vida *light*, consumindo produtos altamente processados, muito mais ricos em oxicolesterol e pobres em nutrientes do que uma dieta que contenha moderadamente gordura! Na verdade o que importa não é uma dieta pobre em colesterol, mas uma dieta que abaixe o nosso colesterol e evite que o colesterol do sangue possa se oxidar. Passamos a supervalorizar os carboidratos e a massacrar as gorduras sem levar em conta que nem todo carboidrato é bom e nem toda gordura é ruim!

Os carboidratos refinados são péssimos, e por serem desprovidos de vitaminas do complexo B, são capazes de causar problemas circulatórios. Somente os carboidratos de alimentos integrais são saudáveis!

Existem gorduras que são boas para a saúde

O colesterol puro, os óleos monoinsaturados, as gorduras poliinsaturadas equilibradas em ômega-3 e ômega-6. As gorduras ruins,capazes de causar problemas circulatórios, as gorduras saturadas, o oxicolesterol e gorduras trans, esses sim devem ser diminuídas ao máximo e, se possível, eliminados!

Capítulo 5

Cuidado com a barriga

Com o passar dos anos sofremos um processo lento de desidratação dos tecidos e substituição de células por tecido de cicatrização, o que faz com que os órgãos diminuam de peso. O envelhecimento saudável deveria ser acompanhado pela diminuição do peso na balança. Acontece também uma perda proporcional de massa muscular e conseqüente aumento de gordura, especialmente se à idade somam-se péssimos hábitos alimentares e vida sedentária.

Cresci ouvindo as pessoas dizerem que a idade faz a gente engordar e que é "normal" uma barriguinha "aparecer" à medida que o tempo passa. Normal não, talvez seja mais cômodo acreditar nisso, jogar nas costas da idade a culpa e não fazer nada a respeito. De observar, ler e apreciar barrigas e barrigudos de todos os jeitos, conclui muita coisa. Eis, então, como nasce uma barriga e o que ela quer nos dizer.

E assim nasce uma barriga...

O ponto de partida de toda barriga, em especial aquela que acompanha os anos, é uma expiração ineficiente. Outras causas vão se somando, uma abrindo espaço para a outra se desenvolver. São elas:

- má postura;
- flacidez da musculatura abdominal;
- excesso de gordura abdominal;
- dilatação do estômago e das alças intestinais.

Qualquer que seja a causa da barriga, seu desenvolvimento acompanha-se sempre de maior tensão na coluna, de menor eficiência respiratória e menor vitalidade.

O que a barriga quer lhe dizer

É muito importante a localização da gordura em nosso corpo no que diz respeito ao risco de doenças cardíacas, diabetes e câncer. Gordura excessiva na parte inferior do corpo (quadril e coxas) é menos perigosa que a gordura localizada no abdome e parte superior do corpo.

A medida da cintura e do quadril e sua relação nos fornece pistas sobre a possibilidade de infarto agudo do miocárdio. Existe uma relação direta entre a gordura abdominal e a porcentagem de colesterol e triglicérides no sangue. A relação entre as medidas e o nível de gordura no sangue é um parâmetro mais confiável que o peso corporal simplesmente. O acúmulo de gordura na cintura, principalmente dos homens, encontra-se associado a problemas metabólicos, como diabetes. Tais problemas são mais freqüentes nos homens que nas mulheres.

Relação cintura/quadril = medida da cintura (no umbigo)/medida do quadril

para mulheres > 0,85
para homens > 0,95
é sinal de obesidade e de maior risco para as doenças circulatórias

Muitas vezes a pessoa não tem obesidade (seu IMC é < que 25) mas apresenta essa relação entre as medidas desfavorável: é um sinal de alerta! Deve cuidar para diminuir a circunferência abdominal através da diminuição da gordura corporal (corrigir a alimentação) e fortalecimento da musculatura (vida mais ativa), pois, apesar de "magra", está correndo risco cardio-circulatório.

Pulmões: esses construtores silenciosos!

Nossa respiração compõe-se de 3 momentos: a inspiração, a expiração e uma pausa entre elas.

Inspiração: movimento de entrada do ar nos pulmões graças à contração do diafragma que, descendo, dá mais espaço para os pulmões inflarem-se como dois balões de gás.

Pausa: momento em que acontece a troca – o oxigênio entra na circulação e o gás carbônico é extraído do sangue para ser eliminado pelos pulmões

Expiração: o diafragma relaxa-se e "espreme" os pulmões contra as costelas, facilitando a excreção do gás carbônico, com a ajuda dos músculos abdominais

A nossa respiração muda muito com o passar dos anos e acaba refletindo, e muito, nossa atitude em relação à vida:

- Vamos nos encolhendo, ocupando menos espaço e conseqüentemente damos menos espaço para nossos pulmões se expandirem: movimentamo-nos menos, abraçamos menos, ousamos menos;

- Antes participávamos do mundo e, por uma série de motivos, aos poucos vamos restringindo nossa atuação: do mundo para o país, o estado, a cidade, o bairro, nossa casa, nosso quarto, nossa cama;
- De todas as posições a que mais adotamos é a sentada e a deitada, o que diminui a participação da musculatura abdominal e que contribui para sua flacidez;
- Conseqüentemente passamos a "expirar" com menor eficiência, tornando-se difícil pôr o ar "poluído" para fora;
- Se imaginarmos que nosso corpo é um todo, à flacidez abdominal associa-se a tensão dorsal e o resultado é: atrás tensão muscular e "dor nas costas" e na frente a bendita barriga!

Existe até uma brincadeira que tenta explicar alguns dos porquês das mulheres viverem hoje mais do que os homens e a respiração está no meio deles. Mas como dizem que toda brincadeira tem um fundo de verdade...

1. Como a mulher fala mais e falamos enquanto expiramos, ela expira melhor que o homem.
2. Por vaidade ela tem o hábito de encolher a barriga e usar cintos e/ou roupas bem acinturadas.
3. Como a mulher está acostumada a chorar mais que o homem, ao chorar ela "lava a alma" e conseqüentemente põe pra fora todas as mágoas e o gás carbônico também.

Em contrapartida o homem "que é homem" tem alguns hábitos que alimentam a sua barriguinha:

1. Quando sai com os amigos tem que biritar e haja cerveja acompanhada de petiscos pra matar a fome do Clube do Bolinha.
2. Quando o homem casa e vai ganhando uma avantajada barriga é sinal que "está passando bem", que "a patroa está cuidando bem dele".

3. Houve uma época em que ter barriga dava status. Vocês conhecem na história algum rei que era magrinho?

O que fazer, então, para respirar melhor?

- Cuidar da postura: quanto melhor a postura, melhor a respiração;
- Levar uma vida mais ativa na qual se fica mais tempo em movimento e menos tempo sentado ou deitado;
- Observar a própria voz, que reflete, e muito, a sua expiração;
- E cantar, cantar muito, pois cantar é um ótimo exercício respiratório: "quem canta seus males espanta!".

E como se ensina uma respiração eficiente?

Não se ensina! Ela é a expressão de uma vida em sintonia consigo e com o mundo ao seu redor. Não é inspirar e expirar profundamente e mecanicamente! É dar aos pulmões espaço para se expandirem. Os pulmões são construtores silenciosos e sozinhos são capazes de construir o seu espaço.

Precisamos de água até pra chorar!

Um grande inimigo da respiração é o ressecamento do ar e do organismo. A hidratação adequada ajuda e muito o aparelho respiratório a funcionar bem e a eliminar as toxinas que possam vir a perturbá-lo através da expectoração.

Com o passar dos anos passamos a tossir com menor eficiência. Um dos fatores que contribuem para isso é a menor capacidade de segurar água no corpo que acompanha o processo de envelhecimento, acentuada pela menor capacidade do cérebro de dar o sinal de alarme da sede quando falta água. Envelhecer é desidratar e os pulmões são os órgãos que mais sofrem com essa perda.

Cigarro, esse amigo da onça!

Um dos fatos que tornam o cigarro tão lesivo para o aparelho respiratório é a sua capacidade de ressecar os pulmões, exigindo mais e mais água para a expectoração. Além disso, o cigarro inibe a reação dos cílios existentes na árvore respiratória, que desencadeiam o mecanismo da tosse. Os cílios dormem durante uma hora após cada cigarro fumado, o que faz com que os pulmões não consigam se defender dos agentes agressores neste período.

Muita gente não abandona o vício do cigarro por dois motivos importantes: o primeiro é porque dizem que se pararem de fumar vão engordar e o segundo é porque têm uma tosse chata que pára quando acendem o primeiro cigarro, o que, segundo elas, demonstra que algum bem o cigarro está lhes fazendo.

Vamos esclarecer: o cigarro é um importante vasoconstrictor, o que faz com que os vasos se contraiam sob sua ação, faz subir a pressão arterial e diminui a chegada de sangue, de alimento para as células. Então, o fumante não está magro, está desnutrido! E quando pára de fumar e a circulação começa a se refazer, as células que estão "mortas" de fome tentam tirar a barriga da miséria, e assim permanecem durante um período, até que depois ficam mais tranqüilas.

Existe ainda a famosa "toalete matinal do fumante". Ele acorda e tosse, tosse, tosse, uma tosse seca, quase sem expectoração. Aí, ele põe um cigarro na boca, dá uma primeira tragada e a tosse desaparece, como por encanto! É claro!

O cigarro faz os cílios da árvore respiratória dormirem e entre o que entrar eles não reagem! Pára-se de tossir porque a tosse é um importante mecanismo de defesa e agora está dormindo! Conclusão: morre-se calado, mas magro! O cigarro é mais uma das muitas "chupetas" que o ser humano adota para se acalmar! Como um neném que pára de chorar quando percebe o bico do seio da mãe. A medicina oriental chinesa dá uma explicação interessante de por que as pessoas fumam: "Nossos órgãos são nutridos em sua essência pelos sabores que vêm dos alimentos. Os pulmões, órgãos que administram a tristeza, nutrem-se do sabor picante. E o fumo contém o sabor picante intenso, e acaba funcionando como estimulante para os pulmões". É claro que é um sabor tóxico que acaba agredindo e roubando a energia dos pulmões, mas para o fumante isso não importa, desde que o fumo lhe faça companhia!

Ninguém fuma porque quer e ninguém melhor do que o fumante para saber o mal que o cigarro lhe faz. Muitas vezes o que lhe falta é coragem e/ou motivação para tomar uma atitude e enfrentar a vida e suas dificuldades contando apenas consigo: o cigarro o faz se sentir mais forte e lhe faz companhia. Mas é um companheiro traiçoeiro, um amigo da onça!

Para muitos fumantes o cigarro tornou-se mais importante do que a própria vida e fumar é um pedido de socorro do qual nem eles se aperceberam! O fumante, então, não precisa de críticas, precisa de ajuda!

Menina, olha a postura!

"Postura é a posição que o corpo assume no espaço. Ela é influenciada por fatores hereditários, e pode ser modificada pelos hábitos impostos pela civilização."

A postura estática correta é aquela que determina a melhor maneira de permanecer com o corpo parado, sem agredir ou sobrecarregar os elementos que compõem a coluna e a musculatura.

Dentre as posições paradas (sentado, em pé ou deitado) a sentada é a que acarreta, por si só, a sobrecarga mais acentuada aos discos intervertebrais, pequenos amortecedores localizados entre as vértebras.

Quando se está sentado, dependendo do que se está fazendo, também usa-se em maior ou menor grau a musculatura das costas.

A coluna vertebral é o centro de gravidade de nosso corpo. Nos animais que andam sobre quatro patas a coluna não desempenha o papel de sustentação do corpo, não sofrendo tanto desgaste. Mas quando o homem adotou a posição ereta, teve que fazer uma força maior para vencer a força da gravidade.

Para o homem ficar em pé a coluna teve que se adaptar: ao invés de um tubo rígido passou a ter curvas, os músculos tiveram que se desenvolver em várias camadas nas costas e para manter a cabeça ereta ocorreram alterações na coluna cervical e maior desenvolvimento dos músculos do pescoço.

Existem posições que não causam danos às estruturas da coluna, enquanto outras, chamadas "ociosas", podem causar desgaste precoce sobretudo em nossos discos intervertebrais.

"É nos mínimos gestos, realizados inúmeras vezes por dia, e por anos a fio, que se produzem as maiores agressões à coluna." Sendo assim, se os movimentos não são realizados em equilíbrio adequado (postura) há desgaste.

As pressões sobre os discos variam de acordo com a posição que adotamos: peguemos como exemplo uma pessoa de cerca de 70kg, não gorda.

- Pessoa deitada com a barriga para cima – o disco suporta $\pm$ 1/3 do seu peso;
- Se a pessoa virar de lado – o disco suporta seu peso;
- Em pé – o disco suporta cerca de 4/3 do seu peso;

- Sentada – o disco suporta 2 vezes o seu peso.

A posição sentada, que é aquela que a sociedade moderna mais nos solicita, é a pior para a nossa coluna, sem contar que existem alguns agravantes que aumentam o problema. São eles:

- Nem sempre sentamos na posição adequada;
- O formato e a altura das cadeiras e mesas nem sempre são adequados;
- Calçados incômodos, pouco anatômicos, com saltos inapropriados;
- Idade: estamos vivendo mais e a idade por si só leva à desidratação dos discos intervertebrais, com menos estabilidade da coluna;
- O hábito de levantar e carregar peso, principalmente prendendo a respiração;
- Torções do tronco e estiramento da coluna nos afazeres diários;
- Obesidade sobrecarrega e desequilibra a postura;
- Vida sedentária – não fazemos a manutenção da máquina;
- As mulheres são mais vulneráveis aos problemas de coluna porque além da dupla jornada (soma-se o *stress* de ambos trabalhos: dentro e fora de casa) ocorrem a gravidez e todas suas alterações no corpo da mulher;
- Estado psíquico: a pessoa altera sua postura dependendo de seu estado emocional.

Peito pra dentro, coluna arqueada e barriga pra fora!

Quem mandou não seguir o conselho dos antigos: peito pra fora e barriga pra dentro? Ainda bem que agora está na moda: quem tem peito que mostre (se não tem que invente) e quem tem barriga que esconda (ou mande cortar!)

Existem três fatores que caminham juntos:

- Flacidez da musculatura abdominal;
- Acúmulo de gordura no abdome;
- Facilidade para dilatação do estômago e das alças intestinais.

Postura inadequada leva à maior tensão da musculatura da coluna e conseqüente flacidez da musculatura abdominal. Onde a musculatura estiver flácida, por pouco uso, é mais fácil da gordura se depositar. E gera-se então um círculo vicioso: onde a gordura se deposita o músculo subjacente tem mais preguiça pra agir. E assim segue, um atrapalhando o outro. Sob um músculo fraco é fácil os órgãos internos se projetarem e o estômago e os intestinos ficam folgados, livres para ocuparem o espaço que quiserem. Se somarmos a tudo isso o hábito de beber líquidos às refeições, em especial refrigerantes e cerveja, teremos em pouco tempo uma barriga crescendo.

A água que o passarinho não bebe!

As pesquisas realizadas na Universidade de Pavia e em outras universidades do mundo convenceram-me de que o vinho tinto, desde que bem dosado (uma taça no almoço e outra no jantar), pode ser benéfico para a circulação daquelas pessoas que passaram dos sessenta. Antes disso, existem mais malefícios do que benefícios, não valendo a pena arriscar! O vinho em pequena quantidade tem efeito vasodilatador e traz consigo os antioxidantes da uva, sendo mais rico nessas substâncias se for tinto.

Vejo esse conceito circulando pela mídia e pessoas de todas as idades fazendo a apologia ao álcool, generalizando, e agora, com embasamento científico! Que perigo! Algumas considerações precisam ser feitas antes que, como bons brasileiros, comecemos a seguir a mídia e bebamos o primeiro gole.

1. As pesquisas realizadas foram feitas com vinho, e vinho tinto, e seus resultados não podem ser extrapolados para a nossa cachaça ou a cerveja. Não conheço pesquisa sobre a pinga e sobre a cervejinha falaremos depois.
2. Os italianos não bebem vinho como aperitivo, bebem como acompanhante das refeições.
3. Não bebem um vinho qualquer, bebem vinho de qualidade, na maioria das vezes fabricado na própria casa.

Sendo assim, para eles, beber vinho é um ritual, faz parte da tradição, faz parte de ser italiano vero. Dessa maneira a bebida é usada para dar prazer, mas para realçar o sabor da comida e não para anestesiar.

Quando ela se torna um anestésico, dá-nos a falsa sensação temporária de que os problemas desapareceram. E nos habituamos tanto que bebemos porque estamos tristes, porque estamos preocupados, para afogar as mágoas ou para comemorar. Não importa o porquê, o que importa é beber!

É fundamental, portanto, uma questão: quem manda – é você ou a bebida? Se for ela, evite o primeiro gole e assuma que ela é mais forte que você. Caso contrário, não terá apenas o problema de ver sua barriga crescer com todas as suas conseqüências, mas estará doente, dependente, precisando de tratamento.

E o que dizer da nossa cervejinha? A cerveja é uma bebida que contém lêvedo, rico em vitaminas do complexo B, que consumidas exageradamente fazem engordar. Além dessas vitaminas contém álcool, que é uma fonte de calorias vazias e uma série de aditivos químicos, prejudiciais. Se somarmos a isso a dilatação do estômago que diversas latinhas de cerveja são capazes de causar, geralmente acompanhadas de frituras mil, teremos assim "construído" a barriguinha mais "bonita" do Brasil!

Capítulo 6

Fazendo uma boa faxina

Uma vez ouvi um pensamento que dizia que "a tranqüilidade com que colocamos a cabeça em nosso travesseiro depende da eficiência de nosso intestino". Que grande verdade! Ele parece, coitado, um desprezado, por ser o "fim da linha", e no entanto quando ele pára ficamos no mínimo "enfezados" (cheios de fezes). Se pensarmos que o intestino grosso põe pra fora aquilo que nós não conseguimos aproveitar dos alimentos e o que "não presta", quando ele resolve "fazer greve" nós é que sofremos.

A sorte é que o intestino é um trabalhador incansável, extremamente sensível e fiel ao nosso estado emocional, já que sua parede é feita de músculos e onde existe um músculo existe sempre uma reação, uma resposta. É habitado por uma série de bactérias amigas que lhe dão em troca da hospedagem a manutenção de um ambiente saudável, eliminando aquelas outras bactérias que possam lhe causar algum dano. Sua concentração depende da qualidade de nossa alimentação: quanto mais rica em alimentos integrais, açúcares naturais, gorduras amigas e lactobacilos melhor.

O intestino grosso é um faxineiro muito eficiente e exige pouco para seu trabalho: boa bucha, muita água e disposição! Sua função é espremer e precisa de algo consistente e macio para espremer, senão se espreme e sofre. Nada melhor, então, do que fibras, que, bem hidratadas, percorrem todo o seu trajeto limpando suas paredes e retirando inclusive aquelas substâncias potencialmente tóxicas derivadas das carnes, dos conservantes, corantes, estabilizantes, aromatizantes e demais "antes", cujas conseqüências só veremos "depois".

Boa bucha

O intestino grosso desempenha dois papéis importantes:
1. Ajuda na regulação da quantidade de água do organismo.
2. Realiza faxina com a ajuda das fibras, de água e movimento.

Definição de fibra alimentar

Termo coletivo usado para várias substâncias vegetais resistentes à digestão pelas enzimas gastrointestinais humanas.

As fibras são excretadas nas fezes de diferentes maneiras:

- Em forma inalterada;
- Parcialmente digeridas (fermentadas) por bactérias normalmente presentes no cólon, com a produção de gases (carbônico, hidrogênio e metano), água e gordura.

As fontes podem ser naturais, sintéticas e semi-sintéticas

De acordo com a solubilidade em água podem ser divididas em dois grupos:

- Insolúveis = lignina, celulose e hemicelulose;
- Solúveis (formadoras de gel) = pectinas, gomas e outras hemiceluloses.

Fontes de fibras insolúveis

- Cascas;
- Arcabouço dos vegetais;
- Grãos integrais.

Fontes de fibras solúveis

- Frutas (maçã, banana);
- Verduras;
- Legumes;
- Cereais;
- Farelo de aveia;
- Feijão.

Propriedades das fibras alimentares

- Capacidade de reter água/volume de dilatação;
- Viscosidade/formação de gel com água;
- Fermentabilidade;
- Volume;

- Troca e ligação a minerais.

Efeitos das fibras no trato gastrointestinal:

- Prolongamento da saciedade – ajudam a controlar o apetite;
- Alteração do tempo de trânsito gastrointestinal;
- Ligação de ácidos biliares;
- Diminuição da pressão intraluminal (contra as paredes);
- Efeitos mecânicos e efeitos metabólicos.

Efeitos terapêuticos/mecânicos

Relacionados com a passagem física da fibra pelo cólon e são produzidos pelas fibras solúveis e insolúveis. Prevenção e controle:

- Constipação e hemorróida;
- Síndrome do cólon irritável;
- Doença diverticular;
- Hérnia hiatal;
- Câncer de cólon.

Efeitos terapêuticos/metabólicos

Efeito produzido apenas pelas fibras solúveis naturais. Prevenção e controle de doenças ou condições que predispõem a elas:

- Diabetes;
- Colesterol;

- Triglicérides;
- Hipertensão arterial;
- Cálculos biliares.

Efeitos colaterais das fibras

- Distensão abdominal e flatulência; desaparecem após algumas semanas;
- Menor disponibilidade temporária de alguns minerais;
- Interferem na absorção de drogas;
- Podem ocorrer alguns casos de alergia a fibras.

Fontes de fibras no dia-a-dia

Recomendações diárias – 20 a 35 g.

- 4 a 7 porções de frutas e vegetais/dia – frescos e crus;
- 2 porções de cereais integrais/dia.

Muita água

A água é essencial à vida. Podemos sobreviver por dias e até semanas sem o aporte de minerais, vitaminas, gorduras, proteínas, carboidratos, mas não podemos suportar a vida sem a ingestão da água.

Funções da água em nosso organismo

- Ocupa o espaço dentro e fora das células, formando os espaços **intra** (dentro) e **extracelulares** (fora das células);

- **Ajuda na formação da linfa,** líquido responsável pelo transporte de gorduras e glóbulos brancos;
- **É o principal constituinte do sangue,** veículo de transporte de nutrientes, oxigênio e enzimas para o adequado funcionamento do nosso organismo;
- **Faz parte das inúmeras secreções das glândulas:** hormônios, sucos digestivos, líquido articular, das secreções do sistema nervoso, dos olhos, suor, saliva, muco, lágrima, etc.;
- **Lubrificante das juntas e dos movimentos das vísceras abdominais;**
- **Ativa o metabolismo de todos os órgãos e ativa alguns processos** como digestão dos alimentos, absorção intestinal, circulação sangüínea e excreção através da urina, fezes, suor e respiração;
- **Regula o equilíbrio da temperatura corporal.**

Onde se encontra água em nosso organismo?

Dentro e fora das células.

- Água dentro das células **(intracelular)** .... 41% do peso
- Água fora das células **(extracelular)** .... 15% do peso
- No sangue .... 5% do peso
- Secreções .... 5% do peso
- **Água total** .... 66% do peso

Exemplo de um homem que pesa 70kg:

- Água intracelular .... 28,7 litros
- Água extracelular

Entre as células .... 10,5 litros
No sangue .... 3,5 litros
Secreções .... 3,5 litros
Água total .... 46,2 litros

De que maneira a água entra em nosso corpo?

- Através dos alimentos sólidos: frutas, verduras, legumes .... 1 litro/dia
- Através dos líquidos: água, sucos, café, leite, chás .... 1,2 litro/dia
- Produzida internamente a partir das reações químicas .... 0,3 litro/dia

Perfaz-se um total de 2,5 litros de água consumidos diariamente. Diz-se que para se garantir a saúde é preciso fornecer um mínimo de 3 litros de água por dia, bastando, assim, acrescentar ao que já foi falado mais alguns copos de água pura, de acordo com a temperatura, com o tipo de atividade desenvolvida e a intensidade dos movimentos.

Os alimentos ricos em fibra trazem consigo bastante água e esta água é liberada no intestino grosso para ser reaproveitada num processo de reciclagem.

O que muda em relação ao controle da água com os anos

- Os rins diminuem sua capacidade de filtrar e eliminar substâncias tóxicas;
- Diminui a capacidade de reciclagem da água filtrada pelos rins;
- Diminui a capacidade de concentrar a urina;

- Os rins respondem lentamente à redução da ingestão de sal – assim, demora para começar a "segurar" no organismo o sódio;
- O rim do idoso não tem a capacidade de suportar uma grande e excessiva ingestão de água ou de sal;
- Diminui a capacidade do cérebro de "detonar" o sinal de alarme da sede, sendo necessário tomar água conscientemente, sem esperar que a sede apareça;
- O organismo torna-se menos eficiente em regular a temperatura corporal;
- Riscos maiores de desidratação no excesso de calor, quando se usa diurético ou quando o idoso apresenta queixas urinárias (aumento do volume urinário e da freqüência) evitando beber água para não ter que ir com maior freqüência ao banheiro.

O consumo de água e outros líquidos ajuda na manutenção do equilíbrio comprometido pelo excesso de alimentos produtores de radicais livres. Numa dieta de desintoxicação, para se eliminar os efeitos desta alimentação recomendam-se líquidos em abundância (sucos, chás sem açúcar e água).

Deve-se beber líquidos às refeições?

Se nosso objetivo for poupar nosso aparelho digestivo, que já vive bombardeado pelos hábitos modernos, devemos evitar "encharcar" o estômago com líquido, que diluirá o suco gástrico e dificultará o andamento da digestão num ritmo adequado. Se tomarmos o cuidado de não acrescentarmos temperos, em especial o sal, e mastigarmos bem para usufruir da saliva, que também é feita de água, e se tivermos paciência para nos dedicarmos ao ritual da alimentação, não teremos necessidade de acrescentar água, porque ela já está presente nos alimentos, principalmente naqueles de origem vegetal. Se nosso objetivo for perder o excesso de peso deveremos usar líquidos em abundância, mas fora das refeições.

E disposição!

Para nos mantermos em pé e caminharmos é necessário contrair a musculatura abdominal, e fazemos isso sem perceber. Os músculos abdominais formam como uma cinta capaz de segurar as alças intestinais e demais órgãos do abdome, facilitando, assim, o trabalho do intestino de "espremer" para fora as fezes. Além disso, a caminhada ativa a circulação de todo o corpo, inclusive a do intestino grosso, que passa a receber mais energia.

Capítulo 7

O gesto sábio do passo

Buscar competência é algo que nosso corpo faz o tempo todo. Vivemos porque nosso coração bate de forma competente, porque nossos pulmões respiram com eficiência e todos os outros órgãos desempenham bem seu papel. Como conseguem fazer isso tão bem? Fazendo, fazendo, fazendo... incessantemente.

O movimento faz parte de nossas vidas. Em nosso corpo tudo acontece porque existem músculos constantemente contraindo-se e relaxando-se, ritmicamente. A cada jato de sangue impulsionado pelo coração nossas células preparam-se para a atividade.

A tão falada atrofia por desuso é, definitivamente, um dos problemas que mais impedem uma vida ativa plena, principalmente com o passar do tempo. Toda estrutura que não é usada atrofia. Uma articulação que não é exercitada fica limitada. Um músculo sem uso é fraco. Uma musculatura fraca e uma articulação limitada deixam uma pessoa incapaz até de amortecer uma queda na rua. O exercício é importante mesmo para a realização das atividades do cotidiano, como atravessar uma rua, por exemplo. Sabendo disso, uma pessoa não pode perder a agilidade, a flexibilidade, o tônus muscular e a capacidade respiratória e culpar exclusivamente a idade.

Os diferentes tipos de exercícios

São três os principais tipos de exercícios:

- **Aeróbico**: acelera o coração durante prolongados períodos de tempo e pode ser mantido por 20 a 45 minutos, sem se tornar exaustivo. É assim chamado porque é feito em um ritmo que permite que adequado suprimento de oxigênio chegue aos músculos: seu objetivo é tornar os sistemas cardiovascular e respiratório eficientes. Para tanto, é importante que consiga sussurar para si mesmo ou conversar com alguém enquanto se exercita;
- **Anaeróbico**: envolve surtos intensos e explosivos de atividade extenuante que deixam você ofegante, por exemplo: levantamento de peso ou corrida com velocidade. Desenvolve massa muscular, velocidade, força e capacidade. Só pode ser feito durante poucos minutos, pois depende de um depósito limitado de glicogênio;
- **Desenvolvimento de habilidades**: flexibilidade, equilíbrio e coordenação, elementos desenvolvidos pela ioga, dança e pelos esportes.

Deve-se salientar que todos eles produzem benefícios psicológicos que ajudam no combate ao *stress*. Para obter esses benefícios deve-se escolher exercícios de que você goste, que tenham a ver com a sua personalidade.

O gesto sábio do passo

A caminhada é uma atividade aeróbica, ou seja, ao executá-la, os músculos utilizam o oxigênio para a produção de energia, solicitando trabalho do aparelho cardiorrespiratório. Para que ele possa fazê-lo de maneira eficiente é preciso que seu ritmo seja adequado – dar os passos do tamanho de nossas pernas – e precisa ser feita (a caminhada) com uma certa freqüência, para que se possam manter seus benefícios.

Caminhada ou corrida? Uma vantagem importante da caminhada é que ela produz menor desgaste do corpo. Com um calçado adequado, a caminhada representa um esporte que absorve o impacto, enquanto que a corrida sobrecarrega os tornozelos, os joelhos e as costas, aumentando as possibilidades de lesões. A caminhada rápida pode ser tão eficaz quanto a corrida, com menos riscos de lesões nos músculos, ossos e articulações.

A atividade dos braços durante a caminhada exige mais do que a da corrida. Para aumentar os benefícios, usar pesos de 1 kg a 1,5 kg em cada mão. Pesos maiores lesam os cotovelos, ombros e costas.

Os efeitos da caminhada sobre o nosso organismo

- **Melhora a eficiência do coração:** estimula a formação de novos ramos das coronárias, capazes de levar mais "alimento" para o músculo cardíaco. O músculo cardíaco "melhor alimentado" consegue bater com mais força, não sendo necessário bater mais vezes;
- **Facilita o controle da pressão arterial dos hipertensos;**
- **Previne o aparecimento de diabetes e facilita seu controle:** a atividade física aumenta a sensibilidade das células à insulina, permitindo que ela trabalhe com maior eficiência, levando a glicose em excesso para dentro das células;

- **Protege os ossos:** exercícios feitos contra a gravidade (andar, correr) aumentam a massa óssea, prevenindo osteoporose e auxiliando no seu tratamento;
- **Protege as articulações:** desde que o exercício não seja exagerado, ajuda a manter a mobilidade das juntas. Um bom programa de exercícios e repouso pode prevenir e ajudar no controle da artrose e artrite. Exercícios intensos e a falta de aquecimento e de alongamento apropriados podem resultar em problemas nas juntas;
- **Ajuda no controle do colesterol e dos triglicérides:** se o exercício for prolongado e diário leva à diminuição do colesterol ruim (LDL), aumento do colesterol bom (HDL) e diminuição dos triglicérides;
- **Envelhecimento saudável:** diminui a perda muscular (permitindo que ela ocorra apenas nos níveis fisiológicos), diminui o aumento da gordura que acontece proporcionalmente com a idade e melhora o desempenho físico. Todas essas alterações estão relacionadas à maior liberação do hormônio de crescimento (GH) que a atividade física regular ocasiona, modificando o aspecto e a vitalidade da pessoa;
- **Protege contra câncer de mama e do aparelho reprodutor:** esses cânceres são causados pela ação do estrogênio sobre o aparelho reprodutor feminino. Mulheres atléticas têm níveis mais baixos de estrogênio. Cuidado para a atividade física não ser exagerada porque pode perturbar o ciclo menstrual, o que aumenta os riscos de osteoporose no futuro;
- **Previne infarto cardíaco e derrame cerebral:** evita a formação de trombos que obstruem as coronárias e os vasos cerebrais. A atividade física aumenta o poder

de dissolução dos coágulos sangüíneos e diminui a adesividade das plaquetas (ponto de partida para a formação do trombo);

- **Estimula a função da tireóide,** o que agiliza todas as funções do corpo, inclusive a "queima" da gordura acumulada;
- **Melhora a atividade mental:** a atividade física levará à liberação de **endorfina** no cérebro, o que produz euforia, estimulando a luta contra a ansiedade, a angústia, a depressão, funciona como tranqüilizante e aumenta a tolerância ao *stress*. A atividade física acelera a transferência dos impulsos nervosos para o cérebro, aumentando a agilidade mental;
- **Poupa os músculos:** nos casos de dietas hipocalóricas, além de ajudar no controle do peso corporal, poupa os músculos que, estando ativos, são estimulados a "formar mais músculos" e não ficam disponíveis para serem usados como combustível;
- **Melhora sua aparência:** a atividade física tonifica os músculos, diminui a quantidade de gordura e melhora a circulação geral, o que se reflete em sua aparência.

É importante tomar alguns cuidados

- Usar roupa confortável e tênis apropriado para caminhada, além de proteção para a cabeça, para os olhos e protetor solar para pele, se caminhar nos horários em que o sol estiver muito agressivo (entre 10 e 16 horas);
- Realizar alongamento e aquecimento por uns 3 a 5 minutos, caminhando em um passo moderado durante o período de aquecimento e também acrescentar exercícios para alongar os principais grupos musculares;

- Começar mais lentamente e ir aumentando a velocidade à medida que for melhorando;
- Não parar abruptamente; fazer um resfriamento de cerca de 5 minutos, caminhada lenta e descontraída e alguns exercícios leves de alongamento.

Curiosidade: A atividade prolongada, regular e de baixa intensidade pode intensificar o sistema de defesa antioxidante, enquanto os períodos curtos de atividade de alta intensidade podem diminuir as defesas do organismo.

Quais os combustíveis para a atividade física?

Em repouso, 85 a 90% da energia requerida pelos músculos vem da queima da gordura e 10% vem da queima da glicose. No início de um exercício leve ou moderado, o carboidrato é o principal combustível usado pelos músculos – grande parte da energia vem da quebra do glicogênio muscular.

À medida que o exercício continua a captação de glicose pelos músculos aumenta. Se o exercício prolonga-se os ácidos graxos (gordura armazenada) começam a substituir os carboidratos. Durante o exercício, para manter os níveis de glicose estáveis, o fígado fabrica mais glicose. Se prosseguir, a tendência é da glicose diminuir no sangue: hipoglicemia.

Na exaustão física as reservas de glicogênio muscular estão diminuídas e a produção hepática de glicose não é suficiente para prevenir a hipoglicemia. Dietas com baixo teor de carboidratos tendem a diminuir a capacidade da pessoa suportar um exercício moderado ou intenso, além de diminuir as reservas de glicogênio. Importante saber que o exercício físico diminui a sensação de fome, facilitando a adesão a dietas hipocalóricas.

O bom uso do movimento

Hoje recomenda-se que para se reduzir o risco de doenças e a mortalidade trinta minutos de atividades moderadas em vários dias da semana são suficientes. E esses trinta minutos nem precisam ser contínuos. Mas, como tem sido nossa vida de movimento? Temos dado ao nosso corpo condições para atingir a eficiência? Ele tem tido oportunidade de tentar?

- Estamos psicologicamente falando sentados numa cadeira de balanço que se movimenta por nós, assistindo a programas de televisão onde os outros se movimentam e vivem por nós?
- Ou temos malhado "robotizadamente", seguindo à risca os movimentos do professor, em busca de um corpo "esteticamente perfeito", mas completamente desconhecido?
- Será que conhecemos nosso corpo, "conversamos" com ele, colocamos para ele desafios que ele é capaz de enfrentar?
- Temos dado tempo para que ele possa se aprimorar?
- Temos dado um passo de cada vez?

Nosso corpo não é feito de compartimentos que devem ser "exercitados" um a um. Ele é um todo que reflete e expressa nossa história, tudo aquilo que temos guardado em nossa "bagagem" de sentimentos, sensações, pensamentos e realizações.

Nosso corpo é o "campo de batalha" onde se travam nossos conflitos pessoais. Ele não assiste passivamente a esses conflitos, mas age mobilizando sua capacidade de compensação. O resultado não é uma restituição da integridade, mas a construção de um equilíbrio diferente. E a construção desse novo equilíbrio requer um corpo alerta, flexível, acostumado a responder aos desafios.

Pode ser que você já tenha se acomodado e esteja aí sentado assistindo à sua barriga crescer, conformado que "é culpa da idade"! Talvez o que esteja lhe faltando mesmo seja motivação ou um empurrãozinho.

"O navio está seguro no porto. Mas não é para isso que se fazem navios." O que faz seu navio querer sair do porto? Descubra e comece com um simples gesto, o gesto sábio do passo!

Capítulo 8

Ferrugem: livre-se quem puder

Genética: aquilo a que a gente puxa

Claro que todo mundo percebe as diferenças entre animais de espécies diferentes: rato é diferente de gato, que é diferente de cachorro, que é diferente de gente. Como é que essas diferenças acontecem?

Você já se perguntou como é que nosso corpo conseguiu "copiar" as características de nossos antepassados, de tal maneira que é costume a gente ouvir: "Fulano tem o sorriso do pai, os cabelos da mãe, os olhos da avó"?

Todos nós nascemos da união do óvulo da mãe com o espermatozóide do pai. O óvulo e o espermatozóide são células especiais que têm a capacidade de unidas originarem um novo ser com as mesmas características da espécie e a responsabilidade de transmitir-lhe a herança biológica das famílias da mãe e do pai.

Tudo isso é possível porque as células sexuais contêm em seu centro, muito bem protegida, uma "fita" onde estão gravadas as ordens ditadas pela espécie e pelas famílias. É graças a ela que gente origina gente e pessoas da mesma família se parecem.

Ao se unirem, as células sexuais dão origem a uma célula-ovo, que vai se modificando, multiplicando-se, gerando novas células que se agrupam e se especializam, obedecendo às ordens da fita. Ela é a detentora do código genético do novo ser que não é a soma dos códigos genéticos do pai e da mãe, mas é o resultado da interação entre ambos. As características mais fortes como cabelo crespo, pele morena e olhos escuros dominarão as mais fracas. Mas, mesmo aquelas características recessivas poderão se expressar, desde que estejam presentes em ambos os lados. É assim que pais de olhos castanhos podem ter um filho de olhos azuis: "puxam" a seus antepassados, até mesmo distantes, a característica.

As características de cada espécie, bem como dos membros de uma mesma família, são o resultado do cumprimento dos comandos contidos na fita. Essas instruções orientam a formação do novo ser, garantem a preservação da sua identidade, bem como a produção das substâncias necessárias à manutenção da vida e da eficiência de suas células.

Ficou fácil, então, entender o que é genética. Um mineiro assim a definiu: "é aquilo a que a gente puxa!" É a nossa herança biológica contida numa "fita" que mais parece um disquete de computador onde foi gravado um grande livro de receitas. "Receitas" de como produzir células seguindo os padrões da espécie e da família – mantendo a identidade do indivíduo, "receitas" de como fabricar aquelas substâncias de que as células necessitam para viver e trabalhar.

Herdamos, portanto, o potencial para termos um certo aspecto e para "funcionarmos" com uma certa eficiência. Mas se esse potencial vai ou não se expressar em sua integridade e com toda qualidade depende das circunstâncias locais, temporais, culturais, econômicas, sociais, da maneira como conduzimos nossa vida e dos hábitos que praticamos no dia-a-dia.

Entendendo a oxidação

Nosso organismo é constituído de trilhões de células que precisam para viver de alimento e de oxigênio. A ciência costuma definir célula assim: "célula é a menor unidade de um ser vivo". Eu diria: "célula é o menor pedaço de mim". Você já se perguntou por que para viver não basta comer, precisamos também respirar? Para que serve o oxigênio que extraímos do ar o tempo todo, sem parar, a vida toda? Sem ele não seria possível acender uma lareira e transformar a energia contida na lenha em calor capaz de nos aquecer, muito menos aproveitar a energia contida nos alimentos para manter a estabilidade da temperatura do corpo e a oferta de energia para as células.

O oxigênio é um gás que corresponde a cerca de 20% do ar da atmosfera. Por suas propriedades químicas é capaz de reagir com algumas substâncias presentes na natureza e dentro de nosso organismo, dando origem a compostos novos, completamente diferentes dos originais, numa reação química denominada oxidação. Quando um pedaço de ferro é deixado em contato com o ar ou com a água ele enferruja. A formação de ferrugem é um exemplo da reação de oxidação. O resultado final é um composto novo, o óxido de ferro, com aspecto avermelhado, diferente do ferro original.

Na reação de oxidação acontece liberação de energia, geralmente sob a forma de calor, cujos benefícios usufruimos em nossa vida diária, por exemplo, quando acendemos um fósforo ou damos partida em nosso carro. A energia armazenada na madeira ou na gasolina é liberada através da participação do calor, graças à ação de um agente de combustão: o oxigênio.

A liberação de energia é sempre uma faca de dois gumes, sendo assim, embora obviamente seja importante e necessária, a oxidação também pode causar danos. Vamos compará-la a uma panela de pressão: se tentarmos abrir uma panela de pressão abruptamente, ela explodirá, mas, se liberarmos o vapor aos poucos, a pressão diminuirá paulatinamente. O potencial de danos promovido pelo vapor contido na panela é grande, mas, desde que mantido sob controle, será capaz de cozinhar os alimentos sem causar estragos. O entendimento dessa reação química nos possibilitou entender o processo de envelhecimento. Envelhecer é como enferrujar, a reação química também é de oxidação. O que costumamos chamar de "sinais da idade" são, na verdade, o reflexo da ação da oxidação sobre a "fita" presente no núcleo das células, capaz de alterar os comandos e dificultar a manutenção da harmonia.

Não conseguimos viver sem oxigênio, pois sem ele nossas células não conseguem utilizar a energia armazenada nos alimentos, e, sem energia, não podemos viver. Mas é justamente ele, o oxigênio, que ao participar das reações nas células, origina substâncias perigosas, os radicais livres, capazes de intensificar e acelerar o processo de oxidação. O organismo não passa sem eles, pois os radicais livres participam de muitas reações químicas essenciais.

Quando o ritmo de produção de radicais livres encontra-se dentro do esperado (pela espécie e pela família) e o organismo é capaz de neutralizá-los a contento, o processo de oxidação é controlado e estaremos diante do processo de envelhecimento fisiológico, saudável, sem doenças. Porém, caso seja produzida uma quantidade de radicais livres maior do que a que o organismo necessita, ou caso os métodos do organismo para neutralizá-los sejam inadequados, assistiremos ao processo de envelhecimento patológico, sobre o qual perdeu-se o controle, acompanhado de doenças crônico-degenerativas, que comprometem, e muito, a qualidade de vida das pessoas.

Mas que grande ironia: se quisermos continuar vivendo teremos que respirar. E se continuarmos respirando iremos envelhecer!

O que são radicais livres e como se formam em nosso corpo

Radical livre é qualquer átomo ou grupo de átomos que pode existir independentemente e que contêm uma carga negativa livre, desemparelhada. Sendo assim, é extremamente ativo, podendo ser bem pequeno ou maior, e durar, em sua maioria, frações de segundo, o suficiente para reagirem com o que estiver por perto, em busca de estabilidade. Por isso são perigosos – especialmente se o que estiver por perto for uma célula do nosso corpo ou uma parte dela!

Os radicais livres formam-se dentro de todas as células durante o processo de respiração celular. Duram frações de segundos e são inativados por "antídotos" naturais que os transformam em água. A conformação das membranas das nossas células, duas camadas de gorduras com uma região intermediária, facilita a dissolução do oxigênio respirado nas gorduras poliinsaturadas presentes nas membranas.

O colesterol presente na membrana tem uma função protetora antioxidante: ele penetra na parte central da membrana e liga-se à gordura poliinsaturada, impedindo que os radicais livres atinjam a gordura. Na ausência de colesterol suficiente e na presença de outros fatores que estimulam a oxidação o ataque dos radicais livres acontece descontroladamente, destruindo a integridade da membrana.

- 95% do oxigênio assimilado é transformado em CO_2 e água;
- 5% do oxigênio assimilado é transformado em radicais livres.

Os radicais livres formam-se dentro de nosso organismo porque neste existem fatores que colaboram para isso: a presença do oxigênio, de metais de transição como ferro e cobre, de solventes orgânicos como o álcool, de gorduras poliinsaturadas, a ação dos raios UV do sol e a possibilidade de desintegração estrutural.

Provavelmente o mais importante fator isolado que protege as estruturas orgânicas do dano provocado pelos radicais livres é a própria organização estrutural existente dentro do organismo. Enquanto ela for preservada, os "ingredientes" necessários para a oxidação permanecem isolados uns dos outros. Trata-se, então, de se fazer de tudo para garantir a integridade de nossas membranas: diminuir as agressões ao adotar um ritmo de vida estimulante, mas não estressante, e aumentar a resistência, ao fornecer através da alimentação matéria-prima de qualidade.

Doenças relacionadas à ação dos radicais livres

Quando um glóbulo branco "engloba" um agente agressor prepara "mísseis" de ataque que são radicais livres, que além de destruir o inimigo provocam intensa reação vista por nós como inflamação. Inúmeras doenças são o resultado da ação dos radicais livres sobre o corpo. Eis algumas: catarata, depressão, diabetes, artrose, câncer, osteoporose, problemas circulatórios (pressão alta, infarto, "derrame") e neurológicos, como os males de Parkinson e de Alzheimer.

Fatores que aumentam os radicais livres no corpo:

- Hiperatividade: fazer muita coisa e correr contra o relógio;
- Deixar as coisas para a última hora;
- Atividades extenuantes;
- Atividade física sem orientação

- Má postura;
- Hábito de carregar peso;
- Fumo, álcool, refrigerantes;
- Estimulantes como café, chás (preto e mate) em excesso;
- Contato com radiação: sol (após as 10h e antes das 16h);
- Tensão, conflitos emocionais;
- Ingestão de gordura com alto potencial de oxidação:
  1. *qualquer óleo frito, especialmente de soja ou de milho;*
  2. *maionese, chocolate;*
  3. *manteiga (quando rançosa e/ou aquecida);*
  4. *gordura animal (também pele de aves);*
  5. *churrasco – de qualquer carne;*
  6. *ovo preparado frito, como omelete ou assado (bolos);*
  7. *gordura do leite integral (pasteurizado) e creme de leite;*
  8. *queijos amarelos – mais curados – e queijos aquecidos (pizza, massas ao forno);*
  9. *gordura hidrogenada como nos sorvetes, biscoitos e margarina;*
  10. *frutas com sabor "rançoso" – ex.: coco, oleaginosas.*
- Carne vermelha;
- Embutidos (salsicha, salame, presunto, lingüiça);
- Alimentos industrializados ricos em conservantes.

Fatores que diminuem nossa defesa contra os radicais livres:

- Idade;
- Vida sedentária;
- Alimentos refinados: açúcares e farinhas;
- Ingerir pouca verdura, frutas, legumes, cereais integrais;
- Deixar de ingerir as gorduras consideradas amigas:

1. *películas dos cereais integrais: arroz, trigo, centeio;*
2. *óleo de canola – sem refogar;*
3. *azeite de oliva, azeitona;*
4. *abacate;*
5. *sementes oleaginosas: noz, castanhas, amêndoa, amendoim, avelã, linhaça;*
6. *frutos-do-mar e peixes (sardinha, atum, salmão, truta).*

- Tristeza, apatia, isolamento, desmotivação.

Como nosso corpo se defende dos radicais livres

Nosso organismo conta com mecanismos de defesa naturais contra os radicais livres: o colesterol, os hormônios sexuais, a melatonina, por exemplo. Mas existem dois sistemas de defesa antioxidantes que podem ser divididos em:

- **Enzimáticos ou "antídotos"**, presentes nas células, que precisam de alguns minerais como auxiliares para trabalharem bem: zinco, selênio, magnésio, ferro, cobre (os dois últimos, se em excesso, na forma de medicamentos, podem fazer o efeito contrário).

zinco: os alimentos mais ricos em zinco são os frutos-do-mar (especialmente moluscos e ostras) e carnes magras. Cereais, nozes e sementes são ricos em zinco, mas também contêm substâncias que diminuem sua absorção.

selênio: o alimento mais rico é a castanha-do-pará, cultivada no solo rico em selênio da floresta amazônica. Presente também em grãos, sementes de girassol, carnes, frutos-do-mar (especialmente ostras), atum e alho.

magnésio: grãos integrais, amêndoa, avelã, castanha-de-cajú, amendoim, noz, sementes, leguminosas (especialmente feijão e soja).

- *Não-enzimáticos ou alimentares*
1. *Vitaminas antioxidantes:* C, E, A e seu precursor, o Beta-caroteno.
2. *Co-antioxidantes:* vitaminas do complexo B, presentes nos açúcares naturais e cereais integrais.
3. *Substâncias especiais com propriedades antioxidantes* presentes no esqueleto dos vegetais em geral:

glutationa – abacate e crucíferos (brócolis, couve-flor, repolho).

catequina e quercetina – frutas silvestres (morango, framboesa), uva (vermelha, passa, vinho tinto), cebola, chá preto – estimulam a desintoxicação do fígado e neutralizam as nitrosaminas, substâncias tóxicas que surgem no preparo das carnes.

licopeno – pigmento vermelho do tomate.

dezenas de outros antioxidantes – alho.

genisteína e dadzeína – presentes na soja.

Curiosidades

Peixes: Consumir pelo menos 2 a 3 porções de peixe por semana, de preferência peixes gordurosos. O peixe é o único alimento no qual menos gordura pode ser uma desvantagem. Todos os frutos-do-mar, mas principalmente os peixes gordurosos (salmão, atum, cavalinha, sardinha, truta) são ricos em um tipo peculiar de gordura benéfica – o ácido ômega-3. Esse "óleo" protege as artérias, afinando o sangue e diminuindo a sua coagulabilidade excessiva, o que por si só já melhora a defesa dos tecidos contra os radicais livres. O óleo ômega-3 pode ser encontrado em alimentos vegetais: germe de trigo, óleo de canola e nozes, mas têm menor atividade biológica que o dos peixes. Os frutos-do-mar e os peixes também são ricos em antioxidantes.

Soja: Não consumir a soja em si, que é muito ácida, mas seus derivados: leite, tofu (queijo), missô (sopa), proteína texturizada. O óleo de soja, apesar de conter ácido ômega-3, contém também ácido ômega-6. A soja é a única fonte de genisteína, que é um poderoso antioxidante e outro antioxidante, a daidzeína (com importante ação anti-estrogênica, prevenindo câncer de mama e diminuindo os sintomas da TPM – Tensão Pré-Menstrual).

Gorduras monoinsaturadas: São também denominadas gorduras antienvelhecimento, presentes no azeite de oliva, azeitona, abacate, noz, amêndoa, avelã e óleo de canola.

Cuidado com as carnes! Quando se cozinha a carne, aves e peixes (em menor proporção), são produzidas substâncias tóxicas chamadas aminas heterocíclicas (HCA). Cozinhar em altas temperaturas, como frituras, grelhados, assados e churrascos produz grande quantidade de HCA. Assar no forno produz menos HCA e cozinhar em fogo lento, ferver, escaldar e cozinhar no microondas não gera HCA. Retire a gordura da carne para cozinhar, não coma pele de aves e coma porções pequenas de carne (100 g). Quando ingerir carne de qualquer tipo, consumir alimentos antioxidantes como frutas, verduras, legumes, grãos durante a mesma refeição ou na mesma hora.

O alho e a cebola contêm uma espécie de óleo onde se dissolvem muitos antioxidantes. Eles são capazes de aumentar nossas defesas contra essas substâncias tóxicas produzidas no preparo das carnes e dos peixes, mas desde que não sejam fritos. Devem ser acrescentados à água de cozimento, da mesma maneira que qualquer tipo de óleo. O hábito de refogar não é saudável, pois o calor degenera as substâncias antioxidantes, eliminando seu papel protetor.

Capítulo 9

Alimento: o melhor medicamento

"O homem vive com 1/4 do que come.
Dos outros 3/4 vive seu médico".
Pirâmide egípcia, 3000 a. C.

Origem vegetal e animal

As plantas estão entre o reino mineral e o animal. Possuem uma substância especial, de cor verde, a clorofila, que lhes confere a propriedade de realizar o processo de fotossíntese (= síntese através da luz). Durante o dia, graças à presença da luz do sol, são capazes de reagir o gás carbônico que "pegam" da atmosfera com a água e os sais minerais extraídos do solo por sua raiz e produzir o próprio alimento, por isso não precisam sair do lugar.

Durante a noite, nas partes menos verdes da planta, ocorre a respiração, com desprendimento de gás carbônico , como ocorre nos animais. No pólo oposto à raiz surgem os elementos da planta mais concentrados em energia: as flores e os frutos, que, pela cor, odor e sabor, atraem os animais. Podemos dizer que a planta é a imagem viva do cosmos e vive do cosmos. "Todos os nutrientes são, em essência, tons ou cores da luz do sol."

Na planta, o principal órgão é a folha, superfície de contato com o exterior. No animal forma-se algo novo: um mundo externo e um mundo interno, com órgãos ocos, cavidades e tecidos diferenciados. Nele cada órgão representa um universo interiorizado, que, por si só, é capaz de formar ou destruir substâncias.

Na planta há apenas transformação, sem que se formem substâncias tóxicas. Já no animal ocorrem dois processos opostos: a produção de energia e o desgaste, levando ao aparecimento de substâncias tóxicas.

É graças à digestão que os alimentos são transformados em substâncias simples, os nutrientes, capazes de alimentar nossas células. A digestão acontece no tubo digestivo, uma série de cavidades que possuem um duplo poder: químico (transformação dos alimentos pela ação das enzimas) e mecânico (permite a mistura do bolo alimentar com a secreção e a propulsão rumo à cavidade seguinte).

Proteínas são transformadas em aminoácidos.
Carboidratos são transformados em açúcares simples.
Gorduras são transformadas em ácidos graxos.

Depois que os alimentos forem desintegrados e reduzidos aos elementos simples que os compõem serão reabsorvidos, ou seja, entrarão na corrente sangüínea rumo ao fígado, o grande administrador dos nutrientes.

"Somos o que comemos: ao comermos um alimento
vegetal ou animal adquirimos suas mais sutis
características."

Divisão dos nutrientes em grupos:

Carboidratos: Substâncias básicas dos vegetais.
Características:
1. Importantes fontes de fibras quando não refinados.
2. São os nutrientes que utilizamos prioritariamente como fonte de energia, com o mínimo de desgaste.
3. Quando não refinados, são importantes fontes de vitaminas B.

Proteínas: Substâncias básicas (tijolos) dos animais.
Características:
1. Formadas por subunidades denominadas aminoácidos, que se agrupam de formas diferentes em proteínas diferentes. Existem 9 aminoácidos chamados essenciais, que não conseguem ser fabricados pelo organismo e precisam ser repostos diariamente.
2. Contêm nitrogênio em sua molécula, o que faz com que seus produtos de degradação sejam tóxicos e tenham cheiro forte (ácido úrico, uréia).
3. Podem ser de origem animal (chamadas de alto valor biológico) e de origem vegetal (de menor valor biológico).

Gorduras: Forma de armazenamento de energia nas plantas e animais.
Características:
1. Dão saciedade.
2. Contêm vitaminas lipossolúveis (ADEK).
3. Funcionam como isolantes térmicos.
4. Contêm os pigmentos que dão sabor aos alimentos.

Vitaminas: catalisadores (aceleradores) de reações químicas específicas nas células.

Sais minerais: Alguns desempenham funções construtoras no corpo, como é o caso do ferro (faz parte dos glóbulos vermelhos), do cálcio e fósforo (são formadores dos ossos), além do sódio e potássio (mantenedores do equilíbrio elétrico e da vida das células). Outros encontram-se em pequenas quantidades, os oligoelementos, e participam como auxiliares de certas enzimas, regulando reações específicas.

Contando calorias

Caloria é a quantidade de energia obtida a partir da queima (combustão) do alimento. Os carboidratos e as proteínas geram 4 cal/g, o álcool produz 7 cal/g (e é chamado de caloria vazia pois não nutre) e as gorduras 9 cal/g.

Capítulo 10

Proteínas: tijolos para construir

As proteínas são os tijolos que constroem nosso corpo e constituem a metade do peso seco das células. Sua composição química distingue-se daquelas dos carboidratos e gorduras por conter nitrogênio.

Quando comemos uma proteína ela é quebrada e nos fornece unidades menores chamadas de **aminoácidos**. Os aminoácidos são, então, reagrupados para fabricarem as nossas próprias proteínas, como se os aminoácidos fossem as letras e as proteínas as palavras.

Como o organismo sabe que proteína fabricar? Baseia-se na necessidade do momento, e segue as orientações dadas pela espécie e pela família da qual fazemos parte. A construção de uma proteína exige **perfeição**. Um pequeno erro pode fabricar uma célula doente.

Os aminoácidos podem ser **essenciais** (aqueles que precisamos ingerir diariamente porque nosso corpo não é capaz de sintetizá-los e podem ser obtidos também a partir da quebra das células que envelheceram e precisam ser repostas) e **não essenciais** (que conseguimos fabricar a partir de outros aminoácidos).

Quando uma proteína contém os 9 aminoácidos essenciais é chamada **de alto valor biológico**, como acontece com as proteínas de origem animal. Quando não contém todos os aminoácidos essenciais é chamada de **incompleta ou de baixo valor biológico**, como acontece com as proteínas vegetais.

A digestão das proteínas

A digestão das proteínas começa no estômago. Sua chegada ao estômago provoca a secreção do suco gástrico. Depois que os alimentos foram bem esmagados e que a mistura se tornou bem ácida, o piloro (porção final do estômago) relaxa-se e a mistura passa para o duodeno. O processo ocorre várias vezes, durando diversas horas. O piloro fecha-se quando há acidez no duodeno. A digestão continua no duodeno quando o bolo alimentar entra em contato com o suco pancreático, que contém enzimas específicas para terminar a quebra das proteínas. Os aminoácidos resultantes da quebra caem na veia porta em direção ao fígado.

Fontes de proteínas

Fontes de **proteínas animais:** carnes, miúdos, peixes, frutos-do-mar, leite, queijos, coalhada, iogurte, ovos.

Fontes de **proteínas vegetais:** cereais (arroz, trigo, cevada, centeio, milho, aveia), leguminosas (feijão, lentilha, ervilha, grão-de-bico, soja) e nozes (amendoim, noz, castanha-de-caju, castanha-do-pará, castanha portuguesa, avelã, amêndoa, pistache, pinhão).

Principais funções das proteínas

- **Manutenção e crescimento:** a todo momento ocorrem em nosso corpo reações que levam à construção de novos tecidos;
- **Regulação dos processos vitais:** algumas proteínas desempenham papéis altamente especializados como hormônios (mensageiros), enzimas (aceleram as reações químicas, mantendo sua eficiência) e como componente básico do núcleo das células (genes);
- **Garantia da imunidade:** os anticorpos fabricados pelos glóbulos brancos, capazes de nos defender dos agentes agressores, também são proteínas;
- **Fonte de energia:** quando nosso corpo não tem carboidrato suficiente, obterá energia a partir das próprias proteínas musculares. Para poupar as proteínas é preciso ingerir carboidrato suficiente;
- **Mantém o equilíbrio de água apropriado:** algumas proteínas presentes no sangue garantem sua manutenção dentro dos vasos.

O excesso de proteínas pode levar a:

1. aumento do ácido úrico no sangue, com o aparecimento de cálculos renais e gota.
2. maior quantidade de substâncias tóxicas provenientes dos tecidos animais, com reações alérgicas.
3. obesidade pelo excesso de calorias.
4. sobrecarga renal pelo excesso de nitrogênio.
5. aumento relativo do consumo de gorduras e diminuição relativa do consumo de fibras (com suas sérias conseqüências).

Um cardápio diário de proteínas

Todos os aminoácidos essenciais precisam estar disponíveis no corpo simultaneamente e na quantidade suficiente para a síntese das proteínas do corpo. Importante: consumir 2 ou 3 porções por dia.

Necessidade diária de proteínas para adultos: 0,75 g/kg de peso ideal

As necessidades diárias de proteínas podem aumentar em algumas situações: doenças, gravidez, amamentação, crescimento. É importante estar atento à qualidade e não apenas à quantidade. A maior necessidade diária de proteína é a da criança com menos de seis meses que precisa de cerca de 2,2 g por kg de peso.

Proteínas de origem animal

- Ovo: está no topo da lista das proteínas de alto valor biológico;
- Leite, queijo, coalhada, iogurte: 1 xícara fornece 8 g de proteína;
- Peixe, carnes, aves: 1 porção fornece 7 g de proteína.

Proteínas de origem vegetal

A quantidade de proteína varia de acordo com o tipo de vegetal.

- Uma porção de brócoli (1/2 xícara, picado) contém 2 g de proteína;
- Uma porção de cereais como pão (1 fatia), *cream crackers* (3 unid.) ou milho (1/2 xícara) contém 3 g de proteína;
- As leguminosas contêm raízes com bactérias fixadoras de nitrogênio, contendo 2 ou 3 vezes mais proteínas que a maioria dos vegetais, como o feijão cozido (1/4 xícara) ou a ervilha (1/2 xícara);
- As nozes contêm proteínas, mas devem ser ingeridas com cuidado porque contêm gordura, como a castanha-de-caju (1 colher de sopa) e o amendoim (20 pequenos);

Como os cereais, as leguminosas e as nozes têm aminoácidos diferentes, é importante combiná-los numa mesma refeição, para se obter os aminoácidos essenciais.

Capítulo 11

Carboidratos: lenha para queimar

O s carboidratos são produzidos pelas plantas verdes durante o processo de fotossíntese. As substâncias orgânicas dos carboidratos dão origem à madeira, petróleo e carvão. A maior parte da população do mundo subsiste à custa dos carboidratos porque as plantas que os fornecem crescem facilmente nos mais diversos climas, e eles custam pouco e podem ser facilmente armazenados, não requerem refrigeração ou eletricidade, podendo durar anos.

Digestão dos carboidratos

A digestão do amido começa na boca: a ptialina, enzima presente na saliva, promove a quebra das moléculas do amido em moléculas menores. No estômago não existe enzima que atue sobre os carboidratos, pois as enzimas que digerem os carboidratos só atuam em meio alcalino. No intestino a alcalinização é garantida pelo suco pancreático, cuja secreção é estimulada pela chegado ao duodeno do suco gástrico. No suco pancreático encontra-se a amilase pancreática, que é capaz de reduzir os carboidratos a açúcares simples.

**maltase ataca a maltose dos amidos dando
glicose + glicose**

**lactase ataca a lactose do leite dando
galactose + glicose**

**invertase ataca a sacarose da cana ou beterraba dando
frutose + glicose**

Os açúcares resultantes passam através da veia porta para o fígado. No fígado ocorre a transformação da frutose e da galactose em glicose. Pela ação da insulina ocorrerá o armazenamento do excesso de glicose como glicogênio, presente nos músculos e no fígado.

Carboidratos simples e complexos

Os carboidratos podem ser divididos em dois grupos: açúcares e amidos. O que determina a diferença entre eles é a estrutura química: o açúcar tem uma estrutura mais simples e a do amido é complexa.

Quanto à localização

Açúcar = circula na seiva da folha; é a forma primária.

Amido = durante a noite os açúcares que circulam na seiva são condensados em amido e levados às regiões de depósitos da planta, como os tubérculos e sementes; é a forma secundária.

Quanto ao índice glicêmico

Açúcar = provoca uma onda de glicose no sangue que sobe rapidamente, mas decresce também rapidamente, gerando altos e baixos de energia e alterações do humor: quando alto, agitação, quando baixo, depressão. Amido = leva a uma infusão lenta de energia, estável, que pode durar horas e às vezes até parte do dia, e um equilíbrio do humor.

Carboidratos simples ou açúcares

É nos frutos e no néctar das flores que encontramos os açúcares. Quando este processo se dá no nível da haste e das folhas, como ocorre na cana-de-açúcar, ou na raiz, como ocorre na beterraba, temos plantas especiais.
Divisão dos açúcares: monossacarídeos e dissacarídeos.

Monossacarídeos: contêm uma molécula de açúcar.

Glicose

- Também conhecida como dextrose, é moderadamente doce;
- É chamada de açúcar do sangue;
- Qualquer açúcar ou carboidrato complexo ingerido é transformado em glicose.

Frutose

- Encontrado nas frutas e no mel;
- É o mais doce dos monossacarídeos;
- O fígado transforma a frutose em glicose rapidamente.

Galactose

- Surge da quebra da lactose (açúcar do leite);
- É o menos doce dos monossacarídeos;
- Iogurte e queijo fresco podem conter galactose livre;
- O fígado transforma a galactose em glicose.

<u>Dissacarídeos</u>: contêm duas moléculas de açúcar.

Lactose

- Presente naturalmente só no leite;
- É o menos doce dos dissacarídeos;
- Seu metabolismo gera galactose + glicose.

Sacarose

- Dissacarídeo prevalente encontrado no açúcar branco;
- Feito a partir da cana-de-açúcar ou da beterraba;
- Seu metabolismo gera frutose + glicose.

Maltose

- Obtida a partir da quebra dos amidos;
- Seu metabolismo gera glicose + glicose.

Fontes de açúcar

Naturais: caldo de cana, rapadura, melado, açúcar mascavo, frutas, leite, mel.
Artificiais: geléia, bebidas adoçadas, sorvetes, bolos, tortas, biscoitos e tudo o que leva açúcar branco.

Carboidratos complexos

Os carboidratos complexos são formados por várias moléculas de glicose e podem também ser chamados de polissacarídeos. Existem três tipos de carboidratos complexos de importância nutricional: o amido, o glicogênio e as fibras.

Amido
É a maior fonte de carboidratos da alimentação. Encontra-se nos tubérculos, cereais, leguminosas, nozes.

Tubérculos: cenoura, beterraba, batata, batata-doce, mandioca, cará, inhame, mandioquinha-salsa.

Cereais: as partes mais nutritivas, casca (farelo) e o germe, que contêm vitaminas, minerais e fibras, são retirados na refinação. O trigo e o arroz costumam ser refinados, a aveia não. Outros: milho, centeio e cevada.

Leguminosas: feijão, lentilha, ervilha, grão-de-bico e soja.

Nozes: amendoim, noz, amêndoa, avelã, castanha-de-caju, castanha-do-pará, castanha portuguesa, pistache, pinhão.

Glicogênio
É conhecido como amido animal.

É uma substância com as mesmas características químicas do amido. Encontra-se no fígado e nos músculos e é transformado em glicose quando é necessário. O glicogênio hepático ajuda a sustentar os níveis de glicose no sangue enquanto dormimos. O glicogênio é formado das 15 às 3 horas, durante a chamada fase anabolizante do fígado. A partir das 3 horas vai liberando gradativamente glicose para o sangue à medida que vai sendo consumida. Assim, o melhor horário para ingerir açúcar é à tarde.

O corpo humano tem reserva de glicose em forma de glicogênio para suprir aproximadamente as necessidades de um dia de gasto energético. A habilidade do corpo em estocar é limitada, portanto, a ingestão adequada de carboidratos é essencial. Quando uma pessoa armazena glicogênio estará também armazenando água, já que uma molécula de glicogênio atrai muitas moléculas de água.

Fibras

A parte das plantas que o corpo humano não consegue digerir.

As fibras não adicionam energia à dieta, mas volume, sendo eliminadas nas fezes. Um adulto saudável deve comer de 20-35 g de fibra/dia. Se comer mais que 50 g de fibra/dia pode prejudicar a absorção de sais minerais. É melhor uma dieta rica em fibras do que acrescentar fibras à alimentação.

Funções dos carboidratos

Os carboidratos são necessários para qualquer atividade muscular, já que dão força para as nossas ações e para a manifestação de nossa vontade. Quando armazenados funcionam como reserva: como glicogênio e depois o excesso como gordura.

A manutenção da glicose no sangue dentro da normalidade está relacionada com o estado de consciência: de um lado com o sistema nervoso e do outro com a formação da energia e do calor. O processamento do açúcar serve para o desenvolvimento de três processos: no sistema nervoso o pensamento, no coração o sentimento e na área metabólico-locomotora a vontade.

Os carboidratos funcionam como recarregadores do corpo e da mente. Apesar das gorduras e das proteínas contribuírem para o *pool* de energia usado durante a atividade muscular, eles sozinhos não suportam a demanda na atividade aguda; assim sendo, o carboidrato é o principal combustível para os exercícios. Se fôssemos resumir suas funções diríamos: os carboidratos são combustíveis, permitem a economia de proteínas e impedem a cetose.

Combustíveis

Os combustíveis para a máquina humana são os carboidratos, as gorduras e as proteínas. Os carboidratos são os combustíveis que o corpo aproveita de maneira mais rápida e eficiente, gerando o menor desgaste. O cérebro usa o carboidrato como fonte primária de energia, sendo assim, o fluxo deve ser ininterrupto.

Em nosso corpo ocorre a queima da glicose através da oxidação pelo oxigênio do ar, num processo contrário ao que ocorre na planta:

Glicose + oxigênio Þ gás carbônico + água com a liberação de luz e calor; a luz é essencial para processos de consciência e o calor para a atividade muscular

Poupa proteínas

Quando comemos carboidratos de forma inadequada nosso corpo sofre. Nossas reservas de glicogênio são limitadas. O corpo usa a proteína e a gordura como fonte de combustível e canibaliza a si próprio para obter glicose: os músculos e órgãos são consumidos no processo. Se comemos o suficiente de carboidratos, as proteínas são usadas no crescimento e na reparação dos tecidos.

Previne cetose

Se a ingestão de carboidratos é muito baixa o corpo utilizará como combustível a gordura armazenada. A máquina humana não pode lidar com a quebra excessiva de gorduras porque o corpo não conta com o "equipamento" necessário. Assim sendo, a gordura parcialmente quebrada se acumula no corpo sob a forma de cetonas: diz-se que a pessoa está no estado de cetose, que nos casos graves leva ao coma e à morte. Uma ingestão mínima diária de 50-100 g de carboidratos é necessária para prevenir cetose.

Carboidratos refinados e não-refinados

Quanto mais refinados, mais moídos e mais processados forem os alimentos maior seu índice glicêmico, mais abrupta será a subida e mais rápida a queda da glicose no sangue. Por isso devemos comer os alimentos o mais próximo possível de seu estado natural.

Com o processamento o açúcar torna-se um alimento pobre: a taxa de cálcio e de ferro que é alta nas frutas (frescas e secas) é nula no açúcar industrializado. Quando ocorre diabetes ou ingestão excessiva de açúcar diz-se que a falta de processamento adequado do açúcar nos torna "bêbados" (como o álcool). Para ser processado adequadamente o açúcar precisa da vitamina B1 e para que a insulina possa agir é imprescindível a presença do cromo. A ingestão do açúcar refinado, pobre em B1 e cromo, leva à fome desses elementos, o que leva à vontade (vício) de comer açúcar.

Açúcares não-refinados

Presentes no caldo de cana, melado, rapadura, açúcar mascavo, mel. Alimentos ricos em frutose, glicose, sais minerais, vitaminas ABC, zinco, cobre, ferro e silício. Previnem anemia, raquitismo, cáries e osteoporose, mas também são açúcar e como tal devem ser ingeridos com moderação.

Problemas ocasionados pelo excesso de carboidratos refinados

- **Obesidade:** com o aumento da quantidade de gordura nosso corpo aumenta nossa fábrica interna produtora de triglicérides (pacotinhos de gordura) e colesterol, fatores de risco importantes para inúmeras doenças, como arteriosclerose, infarto do miocárdio, acidente vascular cerebral. A obesidade leva à resistência à ação da insulina, causando diabetes;
- **Aparelho digestivo:** pode causar azia, gastrite, enterite, com menor absorção dos nutrientes essenciais e enfraquecimento;
- **Cárie:** *ação direta* – acidifica a saliva, aumentando a proliferação de bactérias que moram na boca e que ao produzirem fezes ácidas lesam os dentes; *ação indireta* – aumenta a fermentação intestinal que altera a flora, atrapalhando a absorção do cálcio;
- **Ossos:** por atrapalhar a absorção de cálcio pode levar à osteoporose;
- **Anemia:** por serem pobres em ferro, o consumo excessivo dos alimentos refinados pode levar à anemia;
- **Hipoglicemia:** queda do açúcar no sangue que acontece nas pessoas cujo pâncreas mal-acostumado (por herança genética e/ou por alimentação rica em carboidratos) produz insulina demais, o que leva de imediato à queda do açúcar no sangue e a longo prazo à obesidade, com riscos futuros de desenvolver diabetes.

Como evitar a hipoglicemia

- Usar cereais integrais e frutas;

- Evitar doces, principalmente pela manhã (causam hipoglicemia reativa);
- Se quiser comer doce fazê-lo à tarde, quando o fígado está sintetizando glicogênio;
- Evitar refeições copiosas;
- Comer pouco, várias vezes por dia.

Quantas refeições devemos fazer por dia?

Para se manter os níveis de açúcar estáveis no sangue, evitando flutuações graves, é importante que se fracionem as refeições. Ao invés de fazermos 3 grandes refeições (café/almoço/jantar) é melhor diminuir a quantidade dos alimentos por refeição e comer mais vezes, geralmente a cada 2 ou 3 horas. Fica assim, então, a divisão ideal para nossas refeições ao longo do dia:

café/ lanche 1/ almoço/ lanche 2/ jantar/ lanche 3.

Vantagens: oscilações menores da glicose no sangue, menor necessidade de insulina, conseqüentemente melhor controle do peso, do diabetes, dos triglicérides e do colesterol no sangue.

Um cardápio diário de carboidratos

Não existem recomendações diárias para os carboidratos – seu consumo depende das atividades desenvolvidas durante aquele determinado dia. Recomendações:

1º. todo dia comer 5 ou + porções de uma combinação de:

vegetais – principalmente vegetais verdes e amarelos – (vegetais crus:1 xícara, vegetais cozidos:1/2 xícara) – 2 porções ao dia;

frutas – 1/2 banana, 1 maçã, 3 ameixas secas, 1 nectarina, 11/4 xícara de morangos, 1 laranja ou 1/2 xícara de suco – 3 porções ao dia;

2º. amidos e outros carboidratos complexos: 6 ou + porções por dia de uma combinação de cereais, legumes, leguminosas e tubérculos (1 porção = 1 fatia de pão, 1/2 xícara de cereal cozido ou massa);

3º. Ingerindo essa quantidade em geral ingere-se fibra o suficiente.

Levando em conta o tipo de carboidrato e sua concentração podemos dividir os alimentos ricos em carboidratos nos seguintes grupos:

Grupos	Gramas de carboidratos/porção
1. Amidos	15 g
2. Vegetais	5 g
3. Frutas	15 g
4. Leite*	12 g
5. Açúcar	4 g

*Importante fonte de cálcio mas consumir com cuidado porque contém açúcar, sendo melhor optar pela coalhada, pelo iogurte e pelo queijo – porção de leite: 1 xícara – leite desnatado contém a mesma quantidade de açúcar.

porção de açúcar ou mel – 1 colher de chá.

Adoçantes artificiais

Devem ser usados apenas por diabéticos e usados comedidamente, como se fossem remédios! Não vale a pena fazê-lo apenas para se perder peso: nesse caso é melhor utilizar os açúcares naturais em quantidades pequenas.

não calóricos – aspartame (é um aminoácido), ciclamato (sintético, não metabolizado), sucralose (sintetizado a partir da sacarose), estévia (extraído da planta Stévia Rebaudiana Bertoni) – é o único natural.

calóricos – frutose, maltose (do amido), xilitol (da hemicelulose), sorbitol e manitol (ambos da glicose) – naturais.

Devemos dar preferência para um adoçante que seja não calórico e natural, a estévia. Já existem relatos do aspartame impregnar o sistema nervoso interferindo na memória e causando doenças neurológicas. É importante que tentemos nos habituar com o mínimo possível de açúcar e adotemos o adoçante apenas nos casos de diabetes, mesmo assim com muita cautela, não exagerando na dose.

Capítulo 12

Gorduras: cimento para resistir

Dá-se o nome de lipídeos para todos os tipos de gorduras: gorduras ou óleos presentes no corpo e nos alimentos. Geralmente as gorduras são sólidas e os óleos são líquidos. Os problemas que as gorduras podem nos trazer são devidos ao seu consumo errado: tanto em qualidade quanto em quantidade. A gordura deve ser usada em pequenas quantidades, apenas para "dar sabor aos alimentos" e vista como um nutriente importantíssimo, imprescindível, matéria-prima para a confecção de nossas células, de cimento que garante a "solidez" de nossos tecidos.

Propriedades das gorduras

- Não se dissolvem na água;
- São pegajosas ao toque;
- São oxidadas com mais facilidade que os outros nutrientes.

Composição das gorduras

- As gorduras são compostas de carbono, hidrogênio e oxigênio, só que a proporção de oxigênio em relação aos outros nutrientes é menor;
- A unidade básica da gordura é uma molécula de glicerol ligada a 1, 2 ou 3 moléculas de ácidos graxos;
- O diferente gosto, cheiro e aparência física de cada gordura depende da variedade de ácidos graxos e de sua disposição nas moléculas de gordura.

Digestão das gorduras

Durante a mastigação, quando a gordura é passada em torno da língua, suas glândulas a percebem e liberam uma enzima muito eficiente, a lipase lingual, capaz de quebrar parcialmente as gorduras, mesmo em caso de insuficiência do pâncreas . Ainda são liberados "pequenos" hormônios que vão pelo sangue informar a vesícula e o pâncreas. É como se falassem: "Preparem-se, vem trabalho aí!"

É no intestino delgado que a digestão das gorduras se completa. A chegada do bolo alimentar proveniente do estômago no duodeno desencadeia a secreção das enzimas pancreáticas e da bile, além de causar a contração da vesícula. É o fígado quem produz a bile, enquanto a vesícula é capaz de concentrá-la, armazená-la e "despejá-la" na hora certa para dissolver a gordura.

Pedras na vesícula: "sapos" engolidos!

Os cálculos biliares são cálculos de "mau humor", originários de uma alimentação gordurosa. Têm sua maior incidência nas mulheres que há até pouco tempo tinham menos possibilidade de manifestar seus desapontamentos e frustrações, principalmente após os vinte anos, uma vez que o adulto fica à mercê de normas de comportamentos sociais, passando por cima de si mesmo e "engolindo sapos".

A criança é menos inibida que o adulto e externa seus dissabores, enquanto o jovem costuma dividir as frustrações com os seus "iguais". Mas em algumas famílias os membros são estimulados a guardar para si os problemas e não se vêem à vontade para desabafar. Preferem devorar as contrariedades da vida com a comida, dando preferência para alimentos gordurosos e doces. De vez em quando resolvem fazer dieta e repentinamente param de comer toda e qualquer gordura, até mesmo as necessárias.

E assim a vesícula oscila entre um mar de gordura em um dia e a ociosidade no outro, entre o *stress* de ter de produzir mais bile do que o habitual e o descanso forçado, ficando com a bile guardada, velha, rançosa. Da soma de todos esses fatores nasce uma pedra na vesícula. Uma não, várias! Pedras e todas as suas conseqüências. E talvez a mais grave seja o menor aproveitamento das gorduras alimentares e a possibilidade de usufruir de tudo o que elas têm a nos oferecer.

Quando não aproveitamos a gordura deixamos de aproveitar quatro importantes vitaminas que vêm dissolvidas nela: vitaminas A, D, E e K. A vitamina D é fundamental para o aproveitamento do cálcio e fortalecimento dos ossos. As vitaminas A e E, além de inúmeras outras funções, são antioxidantes, protegem contra os radicais livres. A vitamina K desempenha importante papel no processo de coagulação do sangue. E o fato de não conseguirmos aproveitar a gordura por falta de bile faz com que eliminemos toda essa gordura pelas fezes, carreando com elas inúmeros sais minerais que em absoluto deveríamos perder.

É necessário desabafar as contrariedades, falar das próprias dificuldades com pessoas amigas, de confiança. Viver com os semelhantes, e não contra. Não é ir contra ninguém, mas sim a seu favor!

Funções das gorduras

As gorduras são muito importantes para a manutenção de nossa saúde, desde que sejam consumidas na quantidade adequada e que sejam de boa qualidade. São as seguintes as funções das gorduras em nosso organismo:

- **Fonte de energia**: as gorduras constituem as maiores fontes dietéticas de combustível. Podem servir de fonte de energia para a maioria dos órgãos, exceto para o sistema nervoso, em especial o cérebro, que só sabe "comer" glicose. Por terem proporcionalmente mais carbono e hidrogênio e menos oxigênio que os carboidratos, têm maior potencial para liberar energia do que aqueles. O excesso de caloria ingerido é armazenado nas células adiposas. Quando a pessoa não come o suficiente para suprir suas necessidades energéticas, as células adiposas liberam a gordura para servir de combustível;

Curiosidade

1 g de gordura produz 9 kilocalorias;
1 colher de chá de gordura contém aproximadamente 5 g de gordura, assim, 1 colher de chá de gordura produz 45 kilocalorias;
1 g de carboidrato produz 4 kilocalorias;
1 colher de chá de açúcar contém 4g de carboidratos, assim,
1 colher de chá de açúcar produz cerca de 16 kilocalorias.

Então conclui-se que: 1 colher de chá de gordura produz 29 kilocalorias a mais que a mesma colher de açúcar.

- **Carreiam ácidos graxos essenciais:** os ácidos graxos podem ser essenciais (aqueles que não conseguimos produzir) e não essenciais (nosso corpo dá conta de produzi-los sozinho, a partir dos essenciais). O ácido graxo linoléico, um ácido graxo essencial, tem a importante função de fortalecer as membranas celulares e desempenha papel essencial no transporte e metabolismo do colesterol;
- **Veículos para transporte de vitaminas:** as vitaminas lipossolúveis, A, D, E e K faltarão no organismo se não se aproveitarem adequadamente as gorduras ingeridas;
- **Sabor dos alimentos:** os pigmentos que dão sabor aos alimentos são feitos de gordura; sem eles a comida não teria gosto;
- **Prolongam a saciedade:** atrasam a saída dos alimentos do estômago;
- **Isolante térmico:** protegem o corpo contra o excesso de calor ou de frio;
- **Suportam e protegem órgãos vitais:** absorvem os choques mecânicos. Exemplos de órgãos suportados pela gordura: olhos e rins;
- **Lubrificam os tecidos:** as glândulas sebáceas produzem um óleo que lubrifica a pele para retardar a perda de água através dela;
- **Protegem as fibras nervosas:** servem como isolante para os nervos, permitindo a propagação adequada do estímulo nervoso através deles;
- **Fazem parte das membranas celulares:** atuam como cimento fixador das proteínas nas membranas de todas as células, ajudam no transporte de materiais lipossolúveis através da membrana e funcionam como barreira contra a saída de substâncias hidrossolúveis.

O que é gordura saturada? O que é gordura insaturada?

Os ácidos graxos são formados por cadeias de carbono. Cada carbono é capaz de se ligar a 4 moléculas diferentes. Quando em uma gordura foi utilizado todo o potencial de ligação dos carbonos, diz-se tratar de uma gordura saturada, ou seja, que está cheia de ligações. Quando a gordura tem ainda possibilidade de fazer ligações diz-se tratar de uma gordura insaturada.

Gorduras saturadas

- Potencial de ligação saturado, esgotado;
- Por terem ligações mais estáveis, são sólidas à temperatura ambiente e mais resistentes;
- Tornam-se rançosas lentamente (devido à quebra das moléculas de gordura);
- Geralmente de origem animal;
- Não são consideradas nutrientes essenciais porque podem ser sintetizadas no corpo;
- Principais fontes: leite e derivados (manteiga, queijos, coalhada, iogurte, creme), carnes (vaca, porco, frango e outras aves – a gordura concentra-se principalmente abaixo da pele), ovo (gema) e outros: presunto, salames, salsichas, bacon, etc;
- O coco é um alimento vegetal rico em gorduras saturadas.

Gorduras trans: ácidos transgraxos

As gorduras trans são formadas a partir do aquecimento por longos períodos dos ácidos graxos insaturados como acontece nas frituras ou quando sofrem hidrogenização. O processo de hidrogenização acrescenta hidrogênio a uma gordura insaturada, tornando-a sólida e fazendo-a durar mais. Estabiliza os óleos nos alimentos de modo que não reajam com o oxigênio do ar, durando mais tempo nas prateleiras, sem ficarem rançosos. As gorduras hidrogenadas podem ser parcialmente ou totalmente hidrogenadas. Quanto mais hidrogenadas forem, mais saturadas serão. Ex.: margarinas, óleos hidrogenados.

As ácidos transgraxos não têm qualquer valor nutritivo, além de bloquearem a produção dos ácidos graxos que o cérebro precisa para garantir sua integridade e sua eficiência, colaborarem para a obstrução das artérias e darem origem a membranas celulares fracas: sua arquitetura é incompatível com o corpo humano. Eles não só aumentam os níveis de colesterol, como o fazem as gorduras saturadas, como também diminuem os níveis de HDL, que nem mesmo as gorduras saturadas são capazes de fazer.

Gorduras insaturadas

- Ainda têm potencial de ligação;
- Tendem a ser líquidas à temperatura ambiente;
- Tornam-se rançosas mais rapidamente que as saturadas porque as ligações são mais instáveis;
- Geralmente de origem vegetal; exceções: peixes;
- Monoinsaturadas: óleo de canola, de amendoim e azeite de oliva, abacate, azeitonas, amendoim, nozes (amêndoas, castanhas) – tornam-se rançosas com menor facilidade;
- Poliinsaturadas: óleos de milho, de girassol, de soja – tornam-se rançosas com maior facilidade – e peixes.

Cardápio diário

A gordura presente em um alimento pode ser visível ou invisível. Mais de 40% da gordura consumida é visível. Se a pessoa está tentando diminuir o aporte de gordura deve eliminar em primeiro lugar as gorduras visíveis. São elas:

• Óleos;
• Manteiga;
• Margarina;
• Maionese;
• Molhos;
• Cremes;
• Gorduras visíveis nas carnes.

Cerca de 60% das gorduras na dieta são invisíveis. São as gorduras encontradas em:

• Sementes oleaginosas;
• Ovo (gema);
• Frango (principalmente abaixo da pele);
• Leite e derivados integrais;
• Carnes em geral;
• Aperitivos;
• Bolos;
• Biscoitos.

Capítulo 13

Vitaminas para equilibrar

Vitaminas = Vida + Aminas
(substâncias que contêm nitrogênio)

São substâncias necessárias para o corpo em pequenas quantidades para o metabolismo normal, crescimento e manutenção. Não são fontes de energia nem passam a fazer parte de estruturas do corpo. Agem como reguladores dos processos metabólicos e como coenzimas em alguns sistemas enzimáticos.

Funções: são como coenzimas (auxiliares das enzimas) e agem como reguladores das reações químicas que ocorrem em nosso organismo. São específicas – não existem substitutos. As vitaminas são como uma chave: todos os dentes da chave devem se adequar à fechadura ou a chave não girará.

Classificação: a característica que melhor distingue as vitaminas é sua solubilidade: em água – hidrossolúveis, ou em gordura – lipossolúveis.

105

Vitaminas hidrossolúveis: não conseguimos ter reserva dessas vitaminas, devendo repô-las diariamente.
Vitaminas do complexo B: B1, B2, B3, B5, B6, B12, Ácido Fólico, Biotina.
Vitamina C (ou ácido ascórbico).

Vitaminas lipossolúveis: vitaminas A, D, E e K. Podem se acumular em nossa gordura corporal, sendo liberadas aos poucos; seu excesso pode ser fatal (A e D). São mais estáveis e resistentes à oxidação que as outras.

Vitaminas do complexo B
"Família Eficiência"

- Aumentam a vitalidade e o dinamismo das funções das células;
- São co-antioxidantes – ajudam as células a terem mais energia para combater os radicais livres;
- Composta de vários membros que trabalham em grupo.

Vitamina B1

- Nome: Tiamina;
- Apelido: a Versátil;
- Curiosidade: deficiência freqüente nos alcoólatras;
- Fontes: carne (porco), fígado, germe de trigo, lêvedo de cerveja, legumes, ovos, peixes, cereais integrais.

Vitamina B2

- Nome: Riboflavina;
- Apelido: a Instável;

- Curiosidade: é instável à ação dos raios ultravioleta do sol, por isso o leite é colocado em embalagens grossas e de plástico não transparente. Contém um pigmento amarelo;
- Fontes: leite, carnes, cereais integrais, legumes, verduras.

Vitamina B3

- Nome: Niacina;
- Apelido: a Faxineira;
- Curiosidade: é usada para diminuir o colesterol do sangue;
- Fontes: **diretas** – carnes, salmão, bacalhau, atum, cevada, farelo de trigo, lêvedo de cerveja, semente de girassol, amendoim;
- Fontes: **indiretas** – proteínas completas, pois contêm um aminoácido, o triptofano, que em nosso corpo é transformado em B3.

Vitamina B5

- Nome: Ácido Pantotênico;
- Apelido: Vitamina dos Atletas;
- Curiosidade: participa da produção de um neurotransmissor, a acetilcolina;
- Fontes: fígado, gema do ovo, leite, batata-doce, feijão. OBS: bactérias do intestino sintetizam pequenas quantidades de B5.

Vitamina B6

- Nome: Piridoxina;
- Apelido: a Vitamina das Mulheres;

- Curiosidade: mulheres que usam pílula anticoncepcional podem ter deficiência de B6. Sua deficiência parece estar relacionada à TPM – Síndrome da Tensão Pré-Menstrual;
- Fontes: largamente distribuída. Origem animal: porco, fígado, salmão, atum, camarão. Origem vegetal: cereais integrais, germe de trigo, lêvedo de cerveja, semente de girassol, avelã, lentilha, soja, cenoura, batata, abacate, banana.

Ácido fólico

- Apelido: Folina;
- Curiosidade: por ser importante na reprodução dos glóbulos vermelhos, sua deficiência leva à anemia;
- Fontes: vegetais folhosos, espinafre, aspargo, brócoli, repolho, feijão, laranja, carnes.

Vitamina B12

- Nome: Cianocobalamina;
- Apelido: a Construtora do Sangue;
- Curiosidade: participa da reprodução e crescimento das células, inclusive dos glóbulos vermelhos, e participa da síntese de mielina, substância que serve de isolante para os nervos e que aumenta a velocidade de transmissão dos impulsos nervosos;
- Sua deficiência leva à anemia. Vegetarianos radicais podem ter deficiência de B12;
- Fontes: só de origem animal – carne, leite, queijo, ovos.

Biotina

- Sem apelido;

- Curiosidade: a clara do ovo crua contém uma substância chamada avidina, que se liga à biotina e aumenta sua eliminação;
- Fontes: fígado, rim, carnes, gema, tomate.

Vitamina C

- Nome: Ácido Ascórbico;
- Apelido: a Vitamina Anti-ferrugem e "mil e uma utilidades";
- Funções: necessária para a síntese do colágeno, principal proteína construtora do nosso corpo; aumenta a resistência dos vasos; antioxidante que atua dentro e fora das células; participa da liberação da adrenalina nas situações de perigo; facilita a absorção do ferro, o que previne anemia; ajuda o fígado nos processos de desintoxicação; ajuda no trabalho da insulina de controlar a taxa de glicose do sangue; ajuda a regular o sistema de defesa, combatendo alergias, infecções e prevenindo câncer e doenças auto-imunes;
- Curiosidade: sua necessidade aumenta muito nos fumantes; 1 maço de cigarros consome 1 grama de vitamina C, a quantidade existente em 100 laranjas. Seu excesso é excretado pelas fezes (podendo acelerar o trânsito intestinal) e pela urina (o que torna a urina ácida, predispondo à formação de pedras de ácido úrico);
- Fontes: frutas, verduras, legumes frescos. É a mais vulnerável das vitaminas, sendo destruída pelo ar, luz, calor e pelo congelamento. Deve-se ferver a água antes de acrescentar os alimentos, o que dissolve o oxigênio que poderia oxidar a vitamina C. Preferir vegetais crus

e cozidos rapidamente. Melhor comer as frutas do que beber seu suco. Se consumir sucos, fazê-lo o mais rapidamente possível. Se guardá-los, tampar o recipiente.

Vitamina A

- Nome: Retinol;
- Apelido: a Vitamina da Vista;
- Função: visão noturna, saúde da pele e das mucosas, crescimento dos ossos, antioxidante;
- Curiosidade: 2/3 da vitamina A vem da pró-vitamina A ou Beta-caroteno, presente nos vegetais. As fontes diretas, que são de origem animal, têm o inconveniente de serem fontes também de gordura saturada indesejável;
- Fontes: diretas – fígado, rim, gema do ovo, leite e derivados.

Pró-vitamina A

- Nome: Beta-caroteno;
- Apelido: a Vitamina Amarela;
- Função: o Beta-caroteno é convertido em vitamina A no intestino, desempenhando, então, a sua função;
- Curiosidade: o Beta-caroteno é um pigmento amarelo presente nas frutas e vegetais, mascarado pelo verde da clorofila;
- Fontes: vegetais – cenoura, batata-doce, salsa, brócoli, espinafre, repolho.

Vitamina E

- Nome: Alfa-tocoferol;

- Apelido: a Vitamina Anti-ranço;
- Função: antioxidante presente nas membranas celulares, fortalecendo-as. Barreira pulmonar contra a poluição;
- Curiosidade: é o grande protetor das membranas celulares. Protege a vitamina A e as gorduras insaturadas da oxidação;
- Fontes: óleos vegetais, cereais integrais, germe de trigo, leite, ovo, carnes, peixes, vegetais folhosos.

Vitamina D

- Apelido: a Vitamina dos Ossos;
- Função: promove a absorção do cálcio ingerido;
- Curiosidade: a exposição direta das mãos, braços e face ao sol durante 15 minutos, duas vezes por semana é o suficiente para a produção adequada de vitamina D. Ocorre a conversão do colesterol da pele em um precursor da vitamina D;
- Fontes: óleo de fígado de bacalhau; alguns alimentos têm sido enriquecidos com a vitamina D, como o leite e o pão.

Vitamina K

- Apelido: a Vitamina da Coagulação;
- Função: participa da coagulação do sangue;
- Curiosidade: 1/2 da vitamina K necessária é produzida pelas bactérias do intestino;
- Fontes: fígado, alface, espinafre, repolho, couve-flor, brócoli.

Cardápio anti-oxidante: abaixo a ferrugem!

As vitaminas C, E e A desempenham papel anti-oxidante. É importante que a alimentação forneça as três vitaminas que agem em conjunto: quando acaba a vitamina E, a vitamina A é acionada. E se houver vitamina C o suficiente, ela regenera a vitamina E já oxidada. As vitaminas do complexo B atuam como co-antioxidantes, auxiliando as outras três nesta importante atividade.

Vitamina E

Poderoso antioxidante que se dissolve na gordura – protege a membrana das células e em especial as células do sistema nervoso, do sistema imunológico (ricas em gordura poliinsaturada) e da parede das artérias (onde a gordura pode se depositar).

Vitamina C

É um poderoso antioxidante que combate os radicais livres na parte aquosa dos tecidos. Regenera a vitamina E oxidada.

Vitamina A

Apesar de sua importante ação antioxidante, deve-se dar preferência para seu precursor, o Beta-caroteno, que é transformado em vitamina A em nosso organismo, e por ser encontrado em alimentos vegetais não traz consigo tanta gordura quanto os alimentos que contêm vitamina A.

Vitaminas do Complexo B

Co-antioxidantes – dão energia para as células combaterem os radicais livres.

112

Capítulo 14

Minerais para funcionar

São muitos os minerais que fazem parte do nosso organismo. Uns são personagens principais, servindo de matéria-prima para a produção e eficiência de certas células, como é o caso do ferro. Outros participam da construção de estruturas do corpo, como é o caso do cálcio e fósforo. E outros desempenham papel fundamental para a manutenção da vida da célula, como fazem o sódio e o potássio. Alguns minerais atuam como coadjuvantes, não entram em todas as cenas, mas são insubstituíveis, como acontece com o cobre e o magnésio. Outros trabalham nos bastidores, sem serem notados, como é o caso dos oligoelementos, presentes em quantidades mínimas, mas cuja falta faz diferença, pois tira um pouco do brilho da peça. Dentre eles destacam-se o cromo, o zinco, o selênio e o manganês.

Ferro para um sangue de qualidade

O cérebro é uma esponja de oxigênio incrivelmente sedenta! Embora represente apenas cerca de 5% do peso do corpo de um adulto, o cérebro usa até aproximadamente 25% do suprimento de oxigênio do corpo. Depois de apenas alguns minutos sem oxigênio ele começa a se deteriorar rapidamente. As células vermelhas do sangue transferem esse suprimento vital de oxigênio para o cérebro e para o restante do corpo. Se o suprimento de sangue for baixo ocorrem alterações emocionais e intelectuais.

O corpo adulto contém aproximadamente de 5 a 6 litros de sangue. Todo dia o coração bombeia cerca de 13.000 litros para fornecer às células do corpo os nutrientes essenciais, energia e oxigênio.

Para se ter uma circulação adequada é preciso:

- Sangue rico em nutrientes;
- Tubos livres para sua circulação;
- Uma bomba eficiente para impulsionar o sangue.

As células vermelhas do sangue, as mais abundantes, os glóbulos vermelhos, transportam o oxigênio. Cada glóbulo vermelho vive em média 120 dias, tendo que ser renovado periodicamente. O glóbulo vermelho é fabricado na medula óssea, sob o estímulo de um hormônio produzido pelos rins, a eritropoetina. O glóbulo vermelho contém uma proteína especial capaz de ligar-se ao oxigênio e transportá-lo: a hemoglobina.

A medula óssea precisa receber constantemente a matéria-prima utilizada na fabricação dessas células. Para manter o padrão de produção e de qualidade necessidade: proteína, ferro, ácido fólico e vitamina B12. A falta de proteína leva à desnutrição e a falta dos demais leva à anemia. Falta de ferro: anemia microcítica (glóbulos vermelhos menores do que o normal). Falta de ácido fólico e B12: anemia macrocítica (glóbulos vermelhos maiores do que o normal).

Para que o nosso sangue contenha a quantidade necessária desses nutrientes é preciso que nossa alimentação seja rica nos mesmos e a capacidade de absorção, de aproveitamento, seja adequada.

Conceitos importantes

- Matéria básica para o sangue: água;
- Plasma = água + proteínas + minerais;
- Células do sangue: glóbulos vermelhos ou eritrócitos, glóbulos brancos ou leucócitos e plaquetas;
- Glóbulos vermelhos – transportam o oxigênio;
- Glóbulos brancos – fazem a defesa do corpo;
- Plaquetas – participam da coagulação do sangue.

Produção das células do sangue

- Na medula óssea;
- Eritropoetina: hormônio produzido pelos rins que estimula a produção dos glóbulos vermelhos;
- Hormônios produzidos pelo timo: estimulam a produção dos glóbulos brancos;
- Adesividade das plaquetas é controlada pela proporção entre as gorduras ômega-3 e ômega-6 presentes no sangue, dependentes de nossa alimentação;
- Filtros do sangue: baço e fígado.

Fontes de ferro

- Fontes animais: carnes, principalmente vermelha, mas esses alimentos são ricos em gordura, por isso é melhor dar preferência às fontes vegetais de ferro e optar pela carne mais branca, que, apesar de ter menos ferro, tem menos gordura;

- Fontes vegetais: cereais integrais, ameixa, damasco seco, melado, feijão, lentilha, tofu, ervilha, germe de trigo.

Como obter mais ferro na dieta

- Consuma alimentos ricos em ferro. Existem dois tipos de ferro nos alimentos: o ferro heme das carnes e o ferro não-heme dos vegetais;
- Ao comer alimentos contendo ferro aumente o consumo de vitamina C (frutas cítricas, tomate, brócolis, repolho e banana) para obter uma melhor absorção – devem ser comidos na mesma refeição;
- Evite produtos com cafeína ou os que contêm teína (chá comercial), porque reduzem a capacidade de absorção de ferro dos alimentos ingeridos – se tiver que bebê-los faça-o fora das refeições;
- Ao preparar os alimentos cozinhe os vegetais no vapor e use panelas de ferro sempre que possível. Quando os alimentos são cozidos em grande quantidade de água, o ferro pode ser lixiviado. Por isso, opte por cozinhá-los no vapor. Além disso, os ácidos dos alimentos que estão sendo preparados na cozinha agarram-se ao ferro de panelas e potes, tornando-se assim uma forma de ferro alimentar;
- Evitar excessos de **fosfato** (amêndoa, cereais integrais, queijo, nozes), **fitato** (germe de trigo, pães, cereais, nozes) ou **oxalato** (café, chá, pão branco, espinafre, cacau), que podem atrapalhar o aproveitamento do ferro;
- Os antiácidos atrapalham a absorção do ferro.

Ácido fólico

Evite utensílios de cobre – ele destrói o ácido fólico durante o cozimento.

- Todos os vegetais verdes são ricos em ácido fólico, conhecido também como folina. O nome vem da palavra latina *folium*, que significa "folha";
- Boas fontes de ácido fólico são: brócolis, beterraba cozida, grão-de-bico, laranja, couve-flor, alface, feijão-roxo, banana, lentilha, cenoura, melão;
- Em resumo: coma pelo menos uma fruta ou vegetal cru por dia.

Vitamina B12

Apenas em alimentos de origem animal: fígado, salmão, sardinha, queijo.

- Para que a vitamina B12 possa ser aproveitada é necessária a liberação de uma substância produzida no estômago denominada fator intrínseco. Problemas que comprometam a saúde do estômago podem interferir na produção deste fator e na absorção da vitamina B12.

Cálcio para ossos resistentes

Nossos ossos são uma importante reserva de cálcio e é tão grande sua importância no papel de indutor da contração de todos os músculos que diversos mecanismos são acionados para garantir seu equilíbrio. São vários os fatores que condicionam a formação dos ossos:

- Alimentação: tão importante quanto a quantidade de cálcio que um alimento tem é seu equilíbrio em fósforo; excesso de fósforo aumenta a excreção de cálcio;
- Quantidade de proteína na dieta: excesso de proteína acidifica o sangue, o que estimula os rins a excretarem mais cálcio;
- Ação direta do sol sobre a pele, produzindo vitamina D, responsável pela fixação do cálcio no corpo, impedindo sua eliminação;
- Atividade física: a contração muscular traciona o osso e desencadeia o aparecimento de uma descarga elétrica que estimula o "osso a formar osso";
- Equilíbrio hormonal: PTH (paratormônio) X calcitonina X hormônios sexuais. Os dois primeiros têm efeitos antagônicos, contrários, e atuam no controle do cálcio do sangue. Os últimos garantem a manutenção de um ritmo de degradação de osso velho inferior àquele de produção de osso novo. Os hormônios sexuais garantem a sustentação e a força física necessárias para a perpetuação da espécie.

Substâncias importantes para a formação dos ossos

- Proteína básica = colágeno;
- Cálcio;
- Fósforo.

Os "ingredientes" para se fazer osso provêm da alimentação, sendo importante um equilíbrio entre a quantidade de cálcio e de fósforo: muito fósforo rouba cálcio do organismo.

Alimentos ricos em cálcio

- Leite e derivados;
- Vegetais folhosos;

- Frutas (laranja);
- Tubérculos;
- Nozes.

Alimentos ricos em fósforo que em <u>excesso</u> roubam cálcio do corpo

- Carnes;
- Refrigerantes;
- Conservantes;
- Lecitina – consumida através da soja ou de cápsulas;
- Chocolate;
- Café e chá (preto e mate).

Alimentos equilibrados em cálcio e fósforo – bons para os ossos

- Leite;
- Peixes;
- Ovos.

Uma palavrinha sobre osteoporose

É uma doença em que se observa diminuição da quantidade de osso a tal ponto que ocorrem fraturas espontâneas, nas quais o osso não quebra por trauma, mas simplesmente porque não suporta o próprio peso. Existe um fator hereditário importante, mas outros fatores entram em jogo na determinação da perda de equilíbrio entre os fatores formadores de osso e aqueles de degradação do osso.

Um importante fator de desequilíbrio é a diminuição do hormônio sexual que ocorre no climatério, em ambos os sexos. Na mulher, a diminuição hormonal é mais abrupta e mais precoce, ficando a mulher exposta ao desgaste ósseo mais precocemente que o homem. O homem sofre diminuição lenta e menos intensa do hormônio sexual masculino e conta com uma massa muscular proporcionalmente maior que a mulher, o que ajuda seus ossos a serem mais fortes. Não devemos esquecer de outros importantes fatores como vida sedentária, vida reclusa dentro de casa, sem um mínimo contato com o sol e alimentação pobre no aproveitamento do cálcio.

O vital equilíbrio entre sódio e potássio

Para que a integridade de nossas células seja mantida é imprescindível que os minerais encontrem-se presentes dentro e fora delas nas concentrações adequadas.

O potássio (K) constitui 5% de todo o conteúdo mineral do corpo. É o principal mineral dentro das células, enquanto o sódio (Na) é o principal fora delas. A quantidade de potássio dentro da célula é 30 vezes superior àquela localizada fora dela.

A tendência natural do mineral é ir do local de maior concentração para aquele de menor concentração. Se assim fosse, as células ficariam abarrotadas de sódio e com fome de potássio.

Na membrana das células existe uma bomba que o tempo todo traz o potássio de volta para dentro das células e joga o sódio para fora, garantindo a saúde das mesmas. Os radicais livres agridem a membrana celular e atrapalham a eficiência da bomba, que, deixando de trabalhar bem, faz com que o potássio saia e se acumule sódio dentro da célula, o que a torna "inchada" e pouco eficiente.

O amigo potássio

É imprescindível que as células conservem a quantidade adequada de potássio dentro delas. A manutenção dos níveis de potássio dentro e fora das células é **rigorosa**, já que ele é:

- Responsável pelo equilíbrio de água;
- Pelo equilíbrio ácido-básico;
- Pela contração muscular;
- Pela transmissão dos impulsos nervosos;
- Pela eficiência da insulina.

OBS:

1. Falta ou excesso de potássio comprometem a transmissão dos impulsos nervosos para o coração, gerando arritmias graves, que podem levar à morte. Cuidado com o potássio tomado na forma de medicamento. Tome apenas se houver indicação do seu médico. Potássio em excesso mata!
2. Determinados diuréticos usados no tratamento da hipertensão arterial (pressão alta) podem levar à perda acentuada de potássio, com o aparecimento de cãibras.

Principais fontes de potássio na alimentação

- Leite, queijo, iogurte;
- Carnes;
- Cereais;
- Hortaliças;
- Leguminosas;
- Frutas;
- Raízes;
- Legumes;

- Água-de-coco;
- Caldo de cana.

OBS: Os alimentos processados pelo cozimento têm menos potássio e mais sódio.

O não menos amigo sódio

O sódio é o mineral que predomina fora das células. Quando não existem doenças do metabolismo, os rins conseguem conservar o sódio. Em dietas carentes de sódio, quase todo o sódio filtrado é reaproveitado. Principais funções:

- Equilíbrio de água;
- Equilíbrio ácido-básico;
- Contração muscular;
- Manutenção do volume do sangue;
- Transmissão dos impulsos nervosos.

Os impulsos nervosos são gerados no sistema nervoso, sendo transmitidos pelos nervos para as células. Para que as células tenham condições de responder aos comandos do sistema nervoso, precisam estar equilibradas em relação à quantidade de sódio e de potássio.

OBS: A hipertensão arterial (pressão alta) parece estar relacionada ao excesso de sódio e à falta de potássio. Tratamento da hipertensão: alimentação pobre em sódio e rica em potássio.

Sódio na alimentação

Os alimentos que vêm da terra já trazem consigo o sódio. Assim, sendo, quanto menos sódio acrescentarmos aos alimentos melhor. Podemos também contrabalançar o efeito nocivo do excesso de sódio com maior ingestão de potássio.

Além do sal presente naturalmente nesses alimentos e do sal que acrescentamos a eles, existem aqueles alimentos que contêm o sódio **escondido**, principalmente os produtos industrializados e pré-preparados, já que o sal realça os sabores, melhora a qualidade das farinhas, controla o crescimento de bactérias nos queijos, cura e preserva comidas fermentadas (ex.: pickles). Encontramos o sódio escondido em:

- Comidas prontas e semi-prontas, por exemplo: requeijão, pudim, pão, biscoito, azeitonas, lingüiças, presunto, queijos, salsichas;
- Enlatados, por exemplo: ervilhas, milho;
- Produtos defumados;
- Caldo de carne (industrializado);
- Aditivos alimentares: neutralizantes, espessantes, estabilizantes, aromatizantes, emulsificantes;
- Medicamentos.

O excesso de sódio, bem como a falta de potássio, pode ocasionar a retenção de água, o edema (inchaço). Existem outros fatores relacionados ao edema:

- Ingestão excessiva de açúcar e farinha refinados;
- Ingerir alimentos aos quais somos alérgicos leva a uma dilatação dos vasos, com conseqüente extravasamento de água para dentro dos tecidos;
- Diminuição da vitamina C, vitamina E;
- Diminuição das vitaminas do complexo B;
- Diminuição de proteínas;
- Diminuição de cálcio.

Capítulo 15

Comida inteligente para um cérebro eficiente

O cérebro e sua arquitetura de gordura

Somos feitos de trilhões de células, todas revestidas por uma abençoada capinha protetora, a membrana celular. Nossas membranas são verdadeiras sentinelas que garantem a integridade das células, selecionando atentamente o que pode entrar e o que deve sair.

Os neurônios ou células nervosas são mestres na arte da comunicação. Enviam informações através de uma ampla rede capaz de controlar todas as funções orgânicas. Para desempenhar sua função contam com longos "braços", os nervos, verdadeiros prolongamentos da membrana celular, recobertos por uma substância esbranquiçada chamada mielina cuja função é acelerar a passagem dos impulsos para tornar a transmissão mais rápida e eficiente.

Tanto a membrana celular como a mielina são feitas basicamente de proteína, colesterol e fosfolipídeos. Os fosfolipídeos contêm em sua molécula gordura saturada e insaturada e protegem a membrana dos neurônios contra a ação dos radicais livres. São fabricados pelo corpo ou aproveitados a partir da alimentação, como acontece por exemplo com a lecitina, um exemplo deste tipo de gordura, presente no ovo, no fígado e na soja.

As gorduras são feitas de ácidos graxos e esses ácidos graxos são chamados de essenciais quando não conseguimos sintetizá-los em nosso corpo e precisamos, então, comê-los.

No que diz respeito aos fosfolipídeos, a gordura saturada que os constitui, proveniente de alimentos de origem animal, nós a sabemos fabricar, afinal somos também animais! A gordura insaturada que faz parte da sua molécula é em grande parte poliinsaturada, sendo-nos fornecida principalmente pelos óleos vegetais e peixes.

Vale salientar que por conter em especial um tipo de gordura poliinsaturada muito sensível à oxidação as membranas dos neurônios precisam da proteção dada pelas fontes de antioxidantes, em especial frutas, verduras e legumes.

As novas conexões dos neurônios

Toda vez que um neurônio com base em novas experiências cria novas conexões, ele o faz a partir da construção de novos "braços" e precisa de matéria-prima para tal. Um neurônio conversa com o outro através de uma sinapse e a linguagem que usam é a dos seus mensageiros químicos especiais, os neurotransmissores. Para que os neurotransmissores possam se acoplar aos receptores do neurônio com quem se quer comunicar, e assim transmitir sua mensagem, contam com a colaboração de gordura que fixa o receptor no local apropriado da mesma forma que coxins de gordura nos recheiam internamente para garantir a fixação dos órgãos.

Os mensageiros do corpo

As gorduras cerebrais também desempenham o importante papel de mensageiros, sinalizadores de atividades do corpo, e informam:

- às células de defesa quando acordar ou descansar;
- aos vasos sangüíneos quando se alargar e quando se estreitar;
- às plaquetas se devem ficar juntas ou separadas.

As membranas das células contêm ácidos graxos poliinsaturados e o equilíbrio entre os tipos de ácidos graxos presentes nelas depende da oferta pela alimentação. Os ácidos graxos que formam a membrana celular podem se transformar em mensageiros quando convocados. O agente que desencadeia o processo varia: pode ser um traumatismo, um vírus, uma bactéria, um radical livre ou outra substância tóxica qualquer. Quando convocados os ácidos graxos liberam-se da membrana e transformam-se quimicamente em substâncias ativas, semelhantes a hormônios.

Relação entre carboidratos, proteínas e gorduras alimentares

- O equilíbrio entre carboidratos e proteínas na alimentação controla o equilíbrio entre insulina e glucagon no organismo, o que determina que "mensageiros" devam ser produzidos pelo corpo: insulina aumenta os "maus" e glucagon aumenta os "bons";
- A gordura nutricional é a única fonte dos ácidos graxos essenciais, que são a matéria-prima para se fabricar os mensageiros;

- As gorduras monoinsaturadas presentes no azeite de oliva, óleo de canola, azeitona, nozes e abacate são neutras em termos de influência sobre os mensageiros e a insulina;
- As gorduras poliinsaturadas podem ser do tipo ômega-3 ou ômega-6: o equilíbrio de ambas as gorduras é fundamental para um sangue e um sistema de defesa de qualidade.

Os ácidos ômega-3 e ômega-6

Quem condiciona o tipo de mensageiro que vai predominar no sangue é a alimentação. Os ácidos graxos poliinsaturados presentes em nossa alimentação e em nosso organismo podem ser divididos em dois grupos: ácidos ômega-3 e ômega-6. É fundamental o equilíbrio entre os dois tipos para a nossa saúde.

Se predominarem os ômega-3 há uma melhoria da circulação, diminuindo-se a agregação das plaquetas, o espasmo dos vasos sangüíneos, a reação antiinflamatória e a transmissão da dor. Se predominarem os ácidos graxos ômega-6 ocorre forte estímulo à reação inflamatória e a circulação fica dificultada, com aumento da viscosidade do sangue devido à maior adesividade das plaquetas, vasoconstricção e aumento da transmissão da dor.

Nosso sangue foi feito para circular e para tanto precisa manter suas importantes propriedades que lhe são garantidas pelo equilíbrio entre os dois tipos de gordura poliinsaturada: ômega-3 e ômega-6. Ambos são importantes, imprescindíveis, mas precisam estar em equilíbrio, senão desequilibram a circulação e o sistema de defesa.

A relação 1:1 entre ômega-6 e ômega-3 no cérebro parece ser a ideal para as funções cerebrais humanas. Hoje, no entanto, a relação encontra-se em torno de 20 a 30 por 1. Por quê?

Eis alguns motivos:

- O aumento do consumo de óleos ricos em ômega-6 como os de milho, girassol, gergelim, algodão, soja, amendoim;
- Alto consumo de gorduras de origem animal ricas em ácido araquidônico, também um ácido graxo ômega-6;
- O menor consumo de fontes de ômega-3: peixes, nozes em geral (as pessoas evitam com medo de engordar e ao invés de comê-las pouco as eliminam totalmente), de semente de linhaça e óleo de canola (por desconhecimento);
- A perda dos gérmens dos cereais devido à moagem;
- Consumo dos transgraxos (frituras e hidrogenados) que atrapalham a produção dos ômega-3;
- Maior ingestão de açúcar refinado, que aumenta a necessidade de insulina, que por sua vez interfere na produção dos ácidos graxos.

Um ácido ômega-3 especial – o ADH ou ácido docosahexaenóico

O principal ácido graxo poliinsaturado encontrado no cérebro é obtido diretamente a partir de peixes de água fria e algumas algas, e indiretamente a partir de seu precursor presente na semente de linhaça, nozes e folhas verdes. No entanto, dificilmente se consegue suprir as necessidades do cérebro apenas com vegetais. São os seguintes os peixes recomendados: salmão, arenque, truta, caviar, cavala, sardinha, enguia, anchovas e atum, sendo que a carpa também contém, em menor quantidade. O álcool bloqueia a sua síntese.

Além desses peixes, o ovo é uma das raras fontes dessa gordura, além de ser uma excelente fonte de lecitina. Sua concentração em ácidos ômega-3 varia de acordo com a alimentação da galinha: geralmente o ovo caipira é bem mais rico. Não deve ser consumido em excesso porque também contem ácido araquidônico, que é um ácido ômega-6, que faz o efeito contrário. No máximo 3 ovos por semana, no máximo um por dia, preparado na água ou cozido.

Olhando a gordura com outros olhos

Mais da metade do nosso cérebro é feita de gordura. Sendo assim, a gordura é fonte indispensável para a construção e a manutenção das estruturas do sistema nervoso.

O que comemos pode influenciar profundamente a maneira de operar do nosso cérebro, o que pode se traduzir em alterações do humor, da memória e do comportamento.

Nas últimas décadas, porém, aconteceram grandes mudanças comportamentais no que diz respeito aos hábitos alimentares e a gordura virou uma grande inimiga; cortar gorduras passou a ser atitude sensata de quem se preocupava com a saúde. O que aconteceu, no entanto, foi um corte indiscriminado de todas as gorduras; ao invés de "cortarmos" apenas as gorduras saturadas (que sabemos fabricar), as gorduras trans que são prejudiciais, cortamos todas e conseguimos:

- Aumentar o número de obesos (que ironia!), pois mergulhamos de cabeça nos carboidratos refinados que aumentam a insulina e fabricação de gordura;
- Não conseguimos baixar satisfatoriamente o colesterol, pois seu aumento não era devido apenas ao colesterol da comida, mas também devido à maior produção por parte do fígado;
- Aumentar a incidência de câncer, pois eliminamos também aquelas gorduras boas, protetoras das membranas;
- Privamos o cérebro da matéria-prima que mais precisa para "construir" a inteligência.

Acredito, sinceramente, que é preciso rever a questão das gorduras, redimensioná-la e restaurar uma relação adequada entre os ácidos graxos alimentares. Gordura em excesso é prejudicial, mas gordura insuficiente é prejudicial também. O que importa é o equilíbrio entre elas, a quantidade e a maneira como são preparadas.

Capítulo 16

O pâncreas e seus malabarismos

O cérebro é um computador muito eficiente. E por ser tão eficiente é também muito exigente. Suas células só sabem comer um único tipo de alimento: a glicose. Sendo assim, uma série de órgãos se mobilizam para garantir que ele receba seu alimento na quantidade necessária.

A glicose é o açúcar que circula pelo nosso sangue. Como é que ela chega até ele? De onde vem? Nosso fígado é um grande laboratório, é o grande administrador da energia no nosso corpo.

Quando o estômago e o intestino delgado terminaram seu trabalho de digestão, acabaram de extrair dos alimentos os nutrientes capazes de serem aproveitados pelas células; tudo o que foi "aproveitado" vai para o fígado e é ele quem vai "administrá-los" de acordo com as necessidades do momento e sob a orientação de uma dupla dinâmica: o glucagon e a insulina.

Os alimentos são diferentes no que diz respeito à sua capacidade de "gerar" glicose. Aqueles que constituem a maior fonte de glicose são os hidratos de carbono ou carboidratos, divididos em dois grandes grupos: os amidos e os açúcares. Eles são os combustíveis que o corpo aproveita da maneira mais rápida e eficiente, com o menor desgaste. Os músculos e o fígado conseguem armazenar glicose em pequena quantidade, na forma de uma molécula especial de reserva, chamada de glicogênio. Os carboidratos são também os maiores responsáveis pelas oscilações sofridas pela glicose no sangue: os amidos e os açúcares mais brutos, naturais e não-concentrados, desde que consumidos com moderação proporcionam maior estabilidade da glicose no sangue, enquanto os carboidratos refinados (arroz branco, pão branco, massa branca, açúcar branco) causam grandes altos e baixos da glicose, com importante repercussão sobre a eficiência cerebral.

Quando a gente come de menos...

Quando os alimentos saem do estômago e entram no intestino delgado estão prontos para receber o retoque final dado pelo pâncreas com seu suco de enzimas digestivas. Na falta de quantidade adequada de carboidratos na refeição, seu lado endócrino vê-se obrigado a tomar uma providência e lançar na circulação o glucagon, o salvador da pátria quando nossa fome aperta. Um outro importante estímulo para a liberação do glucagon é a ingestão de proteínas, desde que não em excesso, já que o seu excesso transformar-se-á em glicose e estimulará a liberação de insulina.

O glucagon dá, então, para o fígado as seguintes instruções:

1. Use o glicogênio que você armazenou e quebre-o para gerar glicose.

2. Quebre as proteínas musculares e use seus aminoácidos para produzir glicose.
3. Transforme os triglicérides provenientes da gordura armazenada em glicose.

E a glicose aparece, não importa de onde, graças à ação do fígado, eficiente assessor do cérebro, e do pâncreas, capaz de mil malabarismos para "matar a fome" do seu chefe. É importante que a produção de insulina e glucagon seja equilibrada, pois se o glucagon aumentar muito começará a degradar as proteínas estruturais de maneira exagerada, o que explica a expressão abatida de pessoas que fazem dietas muito drásticas nas quais não existem praticamente carboidratos capazes de liberar a quantidade de insulina suficiente para poupar nossas estruturas.

Quando a gente come demais...

Quando a quantidade de glicose presente no sangue que banha o intestino delgado é alta, o pâncreas vê-se pressionado a liberar um outro hormônio: a insulina. A insulina é o hormônio da festa, da fartura, da engorda e é o único hormônio capaz de evitar que os níveis de glicose subam muito e tornem o sangue melado, uma "calda de pudim", o que torna o cérebro lento e lerdo demais!

E a insulina dá as seguintes instruções, que o fígado e as células musculares obedecem:

1. Gicose vira glicogênio.
2. Proteínas transformam-se em músculos.
3. Gordura abastece as células adiposas... e nosso corpo mantém suas reservas e o cérebro fica bem nutrido, pronto para trabalhar com eficiência.

Quando a insulina dá o comando, a glicose que está no sangue entra nas células. Caso a ingestão de carboidratos seja muito elevada, surge a necessidade de mais insulina, que, liberada, faz com que a glicose entre abruptamente nas células, diminuindo sua concentração no sangue. E o cérebro, desesperado, faz você sair à caça de fontes imediatas do refinadíssimo açúcar. Estamos diante de uma situação muito freqüente nos dias de hoje, a hipoglicemia, graças ao enorme consumo de carboidratos, especialmente os refinados e uma vida cada vez mais sedentária onde movemos os botões dos controles remotos mas usamos pouco a nossa própria máquina. É uma condição freqüente mas pouco entendida.

Para as pessoas parece óbvio que se falta "açúcar" no sangue deve-se comer açúcar para resolver o problema. Não! Está sobrando açúcar na comida e faltando o açúcar do sangue porque o excesso alimentar desequilibrou a insulina, que perdeu sua eficiência e como uma desequilibrada varreu toda a glicose da circulação. Não é uma questão de aumentar a quantidade de açúcar, mas de melhorar a qualidade de trabalho do pâncreas. Se nada for feito o pâncreas, não conseguindo mais sozinho equilibrar tantos altos e baixos da glicose, entrará em falência.

Não vamos confundir essa hipoglicemia com aquela decorrente do uso de medicamentos insulino-estimulantes (os antidiabéticos orais) ou a própria insulina administrada externamente. Caso não haja proporcionalidade entre a quantidade de carboidratos e a dose desses medicamentos, poderá ocorrer queda do açúcar do sangue muitas vezes a níveis perigosos, o que deverá ser corrigido imediatamente, com uso de glicose por via oral ou parenteral. O diabético que faz uso desses medicamentos deverá estar muito bem instruído a respeito e seus familiares também.

Um pâncreas desesperado

Quando muita insulina é solicitada por uma alimentação rica em carboidratos, que transforma o sangue do intestino delgado num "mar de açúcar", o pâncreas começa a se desesperar e a produzir mais e mais insulina, e parece não dar conta. E a insulina fica abundante no sangue e segue seu trabalho de estimular a produção de gordura pelas células. Mas o feitiço vira contra o feiticeiro, pois o aumento da gordura bloqueia o acesso da insulina ao receptor celular onde ela deve se encaixar para passar a sua mensagem. Sendo assim, "grita a mensagem", mas as células não conseguem ouvir. E a glicose vai se acumulando no sangue.

Quando existe falta absoluta ou relativa de insulina estamos diante de uma doença, o diabetes, onde o que está em jogo é o adequado fornecimento de energia para as células, que nada mais é do que a fonte da vida. No diabetes descompensado suas células estão morrendo de fome num "mar de açúcar", e de nada adianta o açúcar no sangue se ele não puder entrar na célula. Falta-lhe insulina para tanto.

É imprescindível, no entanto, a perda do excesso da gordura armazenada que pode por si só atrapalhar o trabalho da insulina, tornando a célula resistente aos seus comandos, além de tratamento medicamentoso adequado sob rigorosa orientação de um endocrinologista.

Quando a insulina se torna uma vilã

Não podemos sobreviver sem a insulina, mas podemos viver melhor sem insulina demais! A insulina é o hormônio da reserva, da engorda, e não só ativa a transformação dos carboidratos excedentes em gordura como inibe a quebra da gordura já armazenada. Sendo assim, não é a ingestão de gorduras que torna uma pessoa obesa, mas a ingestão desequilibrada de carboidratos em quantidade e qualidade, que se convertem em gordura sob a ação da insulina.

Uma vida regada a muita insulina não irá muito longe pois ela própria leva à deposição de gordura e crescimento da musculatura lisa da parede das artérias, com sua parcial ou total obstrução e comprometimento da circulação dos órgãos.

Como ajudar o pâncreas a se reequilibrar?

A única forma de reequilibrá-lo é através da alimentação. Nem todos os carboidratos são iguais no que diz respeito à sua capacidade de estimular a liberação de insulina. Os carboidratos que estimulam a maior secreção de insulina são os chamados de alto índice glicêmico.

E o que interfere no índice glicêmico de um carboidrato? A rapidez com que ele é aproveitado: quanto mais rápido for processado, mais urgente deverá ser a resposta do pâncreas, mais rápida a liberação da insulina. Quanto maior o tamanho das partículas melhor: grãos picados geram índice glicêmico menor que o da farinha bruta e esta que o da farinha refinada. Quanto mais processado o carboidrato, como acontece com os alimentos processados industrialmente, maior o índice glicêmico, mais urgente a necessidade de insulina.

Açúcar = nível glicêmico mais alto
Fruta = nível glicêmico mais baixo *(desde que consumida em separado, como uma refeição em si)*

Carboidratos de alto índice glicêmico: açúcar, cereais refinados, milho, batata, cenoura, algumas frutas (papaia, banana) e sucos de frutas.

Como diminuir a necessidade de insulina

- É importante também comer pouco, várias vezes e não repetir! Aumentar a freqüência das refeições mas diminuir a sua quantidade. E se quiser comer mais, faça-o, mas na próxima refeição. A falta de alimentos regularmente altera a resposta de insulina do corpo e aumenta o armazenamento da gordura;

- Equilibrar as porções de proteínas e carboidratos nas suas refeições – o que equilibra as necessidades de glucagon e de insulina: sua porção de proteína deve ser do tamanho da palma da sua mão (no caso dos peixes conta-se a palma da mão com os dedos) e a porção de carboidratos, se forem integrais, deve ser duas vezes maior, se forem refinados, do mesmo "tamanho" que a porção de proteína;

- E se consumir álcool optar pelo vinho tinto seco e fazê-lo com a comida, uma taça, o que torna a absorção mais lenta e a necessidade de insulina menos premente. A cerveja contém maltose, uma fonte de glicose, além de conter inúmeros aditivos prejudiciais;

- Se uma a duas horas depois de uma refeição você tiver desejo exagerado de comer carboidratos (doces, massas) é porque a quantidade de carboidrato que comeu foi alta e exigiu muita insulina.

E como fica o cérebro com esse vai e vem de energia?

Péssimo! As oscilações da glicose promovem oscilações do humor e da atenção que oscilam também: do elétrico, eufórico e nervoso quando a glicose sobe para o lento, apático e deprimido quando ela cai.

Se quiser garantir a saúde do cérebro, garanta em primeiro lugar a estabilidade da sua glicemia, pois sem ela ele não vive e com muito dela ele vive mal!

Capítulo 17

A maravilhosa sinfonia dos neurotransmissores

Os neurônios comunicam-se entre si por intermédio de substâncias especiais, os neurotransmissores. Um impulso elétrico gerado num neurônio desencadeia a liberação de um neurotransmissor específico, que traduz exatamente a mensagem que o neurônio pretende comunicar ao outro (ou outros).

Existem inúmeros neurotransmissores, mas apenas alguns, mais conhecidos, parecem ter participação direta nos processos cognitivos. As substâncias que compõem os quatro mais importantes neurotransmissores vêm diretamente da comida.

Sendo assim, se a matéria-prima para a fabricação desses neurotransmissores vem da alimentação e os processos cerebrais dependem deles, podemos concluir que aquilo que comemos interfere, e muito, na maneira como percebemos a vida, pensamos e agimos. É por isso que um provérbio chinês diz: "Somos o que comemos!" Não tenho a menor dúvida! Pelo menos em parte, mas "somos muito mais do que a soma das moléculas cerebrais desde que estas estejam aptas a exercer plenamente suas funções".

E assim os neurotransmissores prosseguem sua maravilhosa sinfonia: um causa excitação, outro relaxamento, um bem-estar, outro euforia, um dinamismo e o outro tolerância, mas todos estão envolvidos na produção da memória da qual depende a sinfonia da vida.

Acetilcolina, o neurotransmissor da memória e do pensamento

Além de ser o neurotransmissor predominante no hipocampo, sede da memória, ajuda na ativação da ação muscular, participando da transmissão dos impulsos entre os neurônios e os músculos.

A produção deste neurotransmissor nos neurônios conta como matéria-prima com a colina. Se o cérebro não obtiver a colina através da alimentação, retirará a matéria-prima de suas próprias estruturas. A fonte mais rica de colina na alimentação é a lecitina, que é abundante em alimentos como a soja, a gema do ovo, o germe de trigo, amendoim, fígado, presunto e trigo integral. A lecitina ajuda o organismo a digerir e a transportar as gorduras: é o solvente do colesterol também presente na bile. A transformação da lecitina em colina exige a presença da vitamina C, das vitaminas B5 e B6 e do zinco.

Noradrenalina e dopamina: os neurotransmissores da disposição

A noradrenalina tem ação excitadora, tornando o cérebro mais alerta, de bom humor, otimista. É uma das substâncias químicas da felicidade. Sua diminuição é uma das causas da depressão. Relaciona-se também ao controle dos padrões de sono e equilibra os impulsos, inclusive o sexual.

Seu excesso tira o apetite, acelera o ritmo do metabolismo, deixa a pessoa "ligada". É o que acontece quando se consome café e em muito maior escala com a cocaína, ambas substâncias capazes de aumentar os seus níveis. A dopamina controla os movimentos, o dinamismo, a disposição, o humor. Estimula a hipófise a produzir o GH (hormônio de crescimento), que promove a queima da gordura, a formação de músculos e o aumento da mobilidade. Sua diminuição no cérebro é a causa da doença de Parkinson. A matéria-prima utilizada para se fabricar ambos os neurotransmissores são os aminoácidos fenilalanina e tirosina, provenientes das proteínas da alimentação, presentes nas carnes, nos frutos-do-mar, laticínios e soja. Sua produção requer também a presença da vitamina C, B3, B6 e cobre.

Para que a tirosina entre no cérebro e sirva de matéria-prima, ela precisa competir com outro aminoácido, o triptofano, precursor de um neurotransmissor concorrente, de ação contrária, a serotonina.

Se numa refeição você comer primeiro os carboidratos, o triptofano será absorvido primeiro e cairá primeiro na circulação. Chegando antes no cérebro, estimula a produção da serotonina e ocasiona sedação. Se comer primeiro a proteína, será mais rápida a entrada da tirosina que "inundará" o cérebro com noradrenalina e dopamina, tornando-o mais disposto, pronto para a ação mental e física.

Serotonina, o neurotransmissor do bem-estar

A serotonina é a substância química do contentamento, transmite a sensação de segurança, de bem-estar, de que "não importa, vai dar tudo certo!" É também o neurotransmissor relacionado com a regulação do apetite e interfere no processo de escolha dos alimentos. Uma alimentação rica em potássio diminui a fome por açúcar, pois o potássio melhora a resposta das células à insulina e aumenta a serotonina no cérebro.

A produção de serotonina é estimulada pela entrada da luz do sol através dos nossos olhos. É por isso que se diz que o sol acalma, tranquiliza, alegra. Quando sua intensidade diminui, especialmente à noite, a glândula pineal é levada a transformar a serotonina em melatonina, hormônio capaz de induzir o sono. Sendo assim, a garantia para se produzir bastante melatonina à noite é ter produzido bastante serotonina durante o dia, o que se obtém utilizando ao máximo a luz natural. Ambientes fechados, com luz artificial, muito fraca se comparada com a luz do sol, deprimem-nos e dificultam um sono de qualidade, bem como o uso contínuo de óculos escuros também. Já ambientes abertos e o contato com a natureza nos alegra e nos ajuda a dormir bem.

É interessante observarmos que o aparecimento de catarata no idoso é acompanhado de tristeza, de uma atitude de recolhimento que achávamos ser causada pelo fato de ter menos estímulos. Também, mas o motivo central é que a menor entrada de luz pelos olhos, cujo cristalino (a lente dos olhos) encontra-se embaçado, diminui o estímulo à produção de serotonina, o neurotransmissor do bem-estar e do sono.

Com o passar dos anos a nossa produção de melatonina diminui, o que explica porque o idoso dorme menos. E instintivamente ele procura a luz, seja acordando mais cedo ou mudando-se para a praia, para usufruir ao máximo da luz do sol, que é uma bênção, um presente de Deus, desde que não exponha sua pele nem seus olhos ao seu contato direto nos horários em que é muito agressivo (das 10 às 16 horas).

A matéria-prima usada para produzir a serotonina é um aminoácido, o triptofano, proveniente das fontes protéicas. Em nosso organismo o triptofano pode ser usado também para produzir a vitamina B3. Assim, ingerindo maior quantidade de alimentos com essa vitamina estaremos economizando triptofano e indiretamente aumentamos a serotonina. A vitamina B6 é necessária na reação onde ocorre a transformação do triptofano em serotonina. Aumentando a ingestão de B6, aumentamos sua produção.

Para o triptofano chegar ao seu destino, o cérebro, e desempenhar seu papel ele precisa chegar lá antes de seu concorrente, a tirosina, precursor da síntese de dois outros neurotransmissores, a noradrenalina e a dopamina. Os carboidratos aumentam a liberação de insulina, que obriga todos os aminoácidos a entrarem para as células para serem transformados em proteínas, as proteínas que as células precisam para sua manutenção e funções. No entanto, o triptofano, por ser uma molécula maior, é mais lento e "fica pra trás", permanecendo no sangue e entrando livremente no cérebro.

Baseado nisso, se precisar estar mais alerta após uma refeição, coma primeiro as proteínas que aumentarão no cérebro os neurotransmissores da disposição. Mas se pretender relaxar deverá comer primeiro os carboidratos que aumentarão a taxa de serotonina no cérebro e a sensação de bem-estar. Mas não coma carboidrato demais antes de dormir porque ele bloqueará a produção do GH (hormônio de crescimento), responsável pela queima da gordura do corpo e o excesso transformar-se-á naqueles desagradáveis "pneuzinhos". A avidez que sentimos por carboidratos, na verdade, é a avidez pela sensação de bem-estar que a serotonina provoca!

GABA, nosso tranqüilizante

O ácido gama-aminobutírico ou GABA é o tranqüilizante que o cérebro precisa para conseguir neutralizar as inúmeras informações que recebemos no dia-a-dia, para o relaxamento e o sono. Sua deficiência ocasiona altos níveis de tensão e ansiedade, o que acontece, por exemplo, com os alcoólatras que utilizam o álcool para conseguirem se "anestesiar".

Endorfinas, as moléculas do prazer

Não são neurotransmissores propriamente ditos, mas comportam-se como tal. São as substâncias do prazer: aliviam a dor e a ansiedade e são elas que nos encorajam a continuar a fazer o que estamos fazendo, apesar de nos sentirmos esgotados, física ou emocionalmente.

Capítulo 18

Vasculhando suas gavetas

Para o crescimento e expansão o cérebro precisa ser alimentado: com comida e estímulos. A memória é um recurso utilizado pelo cérebro para criar respostas novas e mais criativas. Ela é a "faculdade de conservar traços de estímulos internos e externos e produzir suas derivações". Nossa memória não grava "literalmente" as informações recebidas. Entra em jogo a interpretação, a importância que se dá ao conteúdo. A memória é muito importante, pois só através dela o homem pode criar a sua vida e a sua história. A memória é, portanto, a base para o comportamento.

A memória de uma pessoa é única, da mesma maneira que cada pessoa também é única. Ela tem a "nossa cara", é um álbum de fotografia dos nossos momentos e demonstra todos os nossos valores, nossos critérios pessoais de seleção e organização, os mesmos que adotamos para a nossa vida.

A memória tem a tendência de depender da reconstituição de um dado contexto e sofre a influência de uma série de fatores, dentre eles o humor. A depressão por si só é capaz de diminuir a atenção e conseqüentemente a memória. A ansiedade, por aumentar a sensibilidade aos perigos potenciais, pode aumentar a percepção do estímulo, mas comprometer a "organização" indispensável ao armazenamento eficiente. Imagine a memória como uma biblioteca. Quando um livro é esquecido existem duas causas possíveis: a destruição do livro ou a incapacidade de se encontrar o mesmo. O contexto ambiental pode favorecer ou não a busca.

Momentos da memorização

A memorização consta de três momentos diferentes:
1. Momento da percepção dos estímulos: depende do grau de abertura que tivermos e do interesse que canaliza a atenção para novos estímulos. Resultado: riqueza de dados.
2. Momento da seleção dos dados segundo critérios próprios: agora entra em jogo a capacidade de escolha, o auto-conhecimento, a objetividade e a criatividade. Resultado: clareza e nitidez do que precisa ser guardado e do que deve ser descartado.
3. Momento da organização: requer vitalidade, ânimo, motivação para "arregaçar as mangas e mãos à obra!" Resultado: eficiência e rapidez quando precisar buscar alguma informação armazenada.

Os tipos de memória

- **Memória imediata** – quando estamos interessados e percebemos um estímulo, a serotonina é liberada e "abre os canais" para o registro da informação. Se não há reforço do registro (repetição), perde-se o dado. Se houver reforço, após verbalização, a informação é transferida para a memória de curto prazo para informações verbalmente codificadas. Ela dura segundos;

- **Memória de curto prazo ou de trabalho** – tem o objetivo de reter temporariamente e manipular a informação nova envolvida em processos como a compreensão, o aprendizado e o raciocínio. O sistema que regula a memória de curto prazo consta de um sistema de controle da atenção capaz de supervisionar a informação proveniente da linguagem, audição e visão. Dura segundos mas pode ser prolongada para minutos, horas ou dias pela repetição mental;
- **Memória de longo prazo** – relacionada às áreas do cérebro ligadas à afetividade. Ocorre à custa de alterações estruturais permanentes no cérebro com a produção de proteínas novas: é como se a informação fosse "escrita" no cérebro. Criam-se novas comunicações com outros neurônios. Ela pode ser secundária ou terciária.
  1. *Secundária:* ao se entrar em contato com a informação, faz-se a checagem para se saber se a informação é nova ou se existe algo relacionado já armazenado. Se for nova, busca-se reforçá-la, associando-a a outras informações existentes. Se for antiga deve ser reforçada. Se não se reforça a informação e surge uma interferência, uma distração, diminui a atividade neural e a informação é perdida;
  2. *Terciária:* armazena informações relacionadas ao cotidiano, como fala, escrita e atividade motora.

Os neurotransmissores e a memória

A memória é o resultado do trabalho de um conjunto de neurotransmissores, cada um dando sua contribuição:

- **Acetilcolina:** é o neurotransmissor chefe da memória. Não existe um lugar específico do cérebro onde a memória acontece, ela é processada ao longo de um complexo circuito envolvendo o sistema límbico. O hipocampo é uma região do cérebro essencial para a formação da memória espacial e da memória imediata e é aí que se encontra a maior concentração da acetilcolina;

- **Noradrenalina:** é vital para a transferência das informações armazenadas temporariamente no hipocampo para outro local permanente no córtex. É a substância química que nos permite lembrar de todos os eventos excitantes ou estressantes, lembranças duradouras dos eventos emocionais. Uma quantidade excessiva pode impedir o armazenamento de novas memórias e interferir no raciocínio e tomada de decisões;
- **Dopamina:** da mesma maneira que estimula o dinamismo físico, estimula o dinamismo da memória;
- **Serotonina:** abre os canais da memória para o registro das informações que se não forem repetidas, reforçadas, perder-se-ão;
- **GABA:** dá-nos tranqüilidade para neutralizar as inúmeras informações que recebemos todos os dias. Sem ele o cérebro fica superestimulado e não temos a tranqüilidade necessária para o processo de arquivamento e recuperação das informações armazenadas;
- **l-glutamato:** neurotransmissor importante para o armazenamento de novas memórias e para se recordar as que já se encontram arquivadas;
- **endorfinas:** liberadas em situações estressantes a fim de neutralizar seus efeitos. Diminuem a percepção da dor e estimulam o interesse, a atenção e a concentração.

A memória e o avançar dos anos

Com os anos observa-se a diminuição da enzima responsável pela transformação da colina em acetilcolina no hipocampo e no córtex cerebral. Foi recentemente provado em animais que o hipocampo pode efetivamente criar novas células nervosas desde que haja estímulo. O cérebro pode ser aprimorado e para isso precisa de nutrição adequada e um estilo de vida pleno de intensas atividades, de participação. O idoso sofre uma privação sensorial, visual, afetiva e social sem ter a possibilidade de "treinar" a própria memória como um músculo, que pouco usado se atrofia.

Aprimorando sua memória

Antes de começar a fazer exercícios para a memória, faça o exercício de se conhecer, saber do que gosta, do que precisa, do que quer. Se não souber, comece pelo que não gosta, não precisa e não quer, pode ser mais fácil! Mas comece: a memória requer dinamismo, ela não convive bem com a preguiça, com a acomodação, a entrega, a monotonia, o desinteresse. Comece a organizar a sua vida, organizando suas gavetas. Não apenas as gavetas do seu armário, da sua cômoda, do seu arquivo, mas também aquelas gavetas do coração onde muito de você também se escondeu. Você será invadido por uma série de sensações, recordações, emoções que mexerão com você e promoverão em seu cérebro uma avalanche de neurotransmissores que são liberados pra ajudar você a se conhecer. Sua memória tem, com certeza, "a sua cara"!

Capítulo 19

Os hábitos nossos de cada dia

A maioria de nós depende de uma estrutura. A estrutura nos dá orientação para nosso comportamento e definições para nossas esperanças e expectativas. Somos dependentes dos hábitos porque de uma certa maneira eles nos dão segurança. Fazemos tudo o que todo mundo faz e assim ficamos tranqüilos, pois se errarmos não erraremos sozinhos. E tendo nos acostumado a seguir sempre as estruturas externas, esquecemos de nos consultar, de consultar o nosso relógio interno e saímos por aí a seguir tabelas, a seguir dietas, a contar calorias, a nos submeter à ditadura da balança, como se fôssemos máquinas que pudessem ser "calibradas".

Saindo das imposições externas, deixando-nos guiar pelas solicitações internas, passamos a entrar em contato direto conosco e com os nossos sentimentos. Identificar os sentimentos localiza você no hoje, que pode não ser agradável, mas é real. As respostas condicionadas, às quais está habituado, colocam você fora do presente.

Devemos cultivar o hábito de questionar nossas interpretações. Elas costumam ser embasadas no passado. Antigas interpretações são capazes de impedir que uma realidade nova,

153

diferente, seja vista com toda a sua clareza. Uma situação nova cria uma ameaça com a qual o corpo terá de se deparar. O medo do novo, do desconhecido aciona nossos mecanismos de defesa para continuarmos fazendo o que estamos acostumados e continuarmos seguros, sob controle. E fazer dieta, por exemplo, é mais uma estrutura à qual cedemos.

O cérebro precisa de desafios

Se pudéssemos comparar o cérebro com uma cebola diríamos ser ele formado por diversas camadas que foram sendo acrescentadas com a evolução de baixo para cima e de dentro pra fora.

O miolo esbranquiçado é onde se encontra o tronco cerebral, a parte mais primitiva dele, que se desenvolveu sobre o topo da medula espinhal. Regula as funções vitais básicas: respiração, o comando dos demais órgãos, controla as reações e os movimentos estereotipados. Essa parte do cérebro não pensa nem aprende. Repete comandos pré-programados que mantêm o funcionamento do corpo, assegurando a sobrevivência. Mantém a vida.

Com a evolução foram surgindo novas camadas que abraçando, margeando o tronco cerebral, originaram o sistema límbico (*limbus* quer dizer orla). O sistema límbico veio acrescentar emoções em nossa vida! A partir do sistema límbico desenvolveu-se o córtex cerebral, o que chamamos de massa cinzenta, o cérebro pensante. Ele veio acrescentar qualidade à vida: a possibilidade de dirigirmos a nossa vida de acordo com a nossa vontade.

Num mar de emoções...

Quando a emoção toma conta de nós somos tomados por uma repentina necessidade de agir. E é isso que as emoções fazem conosco: fazem-nos ficar mais atentos, mais interessados, sair da mesmice, da acomodação, empurram-nos para fazermos as coisas acontecerem.

Quando crianças éramos "tudo emoção" e a emoção nos levava imediatamente à ação. Quando o neném sente fome "põe a boca no mundo" e consegue o que quer, mamar! Crescemos e aprendemos em casa, na escola e com a vida, uns mais e outros menos, a segurar os impulsos e a não reagir. E a emoção que continua a nos "cutucar" e a preparar nosso corpo para uma resposta nem sempre é extravazada e engolimos muitos "sapos", aprisionamos muitas vontades e engavetamos muita dor.

As respostas às emoções, portanto, não continuam livres, leves e soltas como quando éramos bem pequenos, mas são moldadas por nossa história de vida, pela história de nossos antepassados e pelo contexto onde estamos inseridos.

O sistema límbico é a parte do cérebro responsável por nossa memória emocional e pelo aprendizado. Dele depende o significado emocional que damos aos fatos, às pessoas, às coisas, o afeto e os laços afetivos que estabelecemos. Dele depende também a nossa vida em situações de perigo enquanto o cérebro pensante toma uma decisão. Ele expressa-se através das lágrimas e das risadas e conforta-se com as manifestações de carinho.

Quando a razão fala mais alto

O córtex cerebral é a sede do pensamento. É nele que existem os centros que compreendem o que os sentidos percebem e as informações são agrupadas a fim de formar um raciocínio. É graças a ele que conseguimos ter consciência dos nossos sentimentos e compartilhá-los através das artes e cultura, conseguimos planejar, criar estratégias e organizar a nossa vida, e é graças a ele que conseguimos estabelecer ligações afetivas de compromisso a longo prazo sem as quais não existiria a família nem seria possível o desenvolvimento do ser humano.

Subindo na escala filogenética vamos ter uma maior porcentagem de córtex para sistema límbico, o que se expressa numa gama muito maior de reações às emoções. O ser humano tem um repertório maior e mais ágil e quanto mais complexo for o sistema social, maior deve ser a flexibilidade do indivíduo, maior o "jogo de cintura" exigido para lidar com as adversidades, elaborando respostas novas, mais adequadas do que as reações condicionadas e automáticas. Jogo de cintura que na verdade não está na cintura, mas no cérebro!

No entanto, apesar de toda a superioridade do córtex, numa emergência emocional quem passa a comandar é o sistema límbico e a emoção suplanta a razão, "embargando" até mesmo o pensamento. Haja, então, inteligência emocional para segurar a emoção e deixar a razão falar mais alto!

Os desafios que dão vida ao cérebro.

- **Físicos:** preparam o cérebro para desempenhar melhor sua função de maestro dos órgãos. Aprimoram a inteligência corporal, ajudam o corpo a fazer as melhores escolhas. Enriquecem os movimentos e as sensações;
- **Emocionais:** trazem à tona emoções "guardadas". Aprimoram a inteligência emocional, ajudam o seu "coração" a fazer as melhores escolhas. Enriquecem o humor e os comportamentos;
- **Mentais:** preparam o cérebro para pensar e elaborar melhor as informações. Aprimoram a inteligência ra-

cional, ajudam a sua mente a fazer as melhores escolhas. Enriquecem a memória e o aprendizado.

O grande desafio dos anos

O cérebro é como um músculo: tem um enorme potencial de trabalho, mas precisa ser exercitado. Exercitar o cérebro é manter sobre ele um certo grau de solicitação que deve ser estimulante, mas não estressante. É dar hoje um passo do tamanho da sua perna, mas treinando para ser capaz de alcançar cada vez mais longe! A monotonia "adormece" o cérebro, faz com que fique desestimulado, indeciso, despreparado para novos desafios e faz a vida ficar sem graça, sem sabor!

Com o passar dos anos nosso cérebro sofre profundas modificações. No entanto, graças à sua plasticidade, permanece sempre pronto, esperando ser desafiado e moldado a cada novo estímulo, nova experiência. A única ferramenta capaz de compensar os efeitos dos anos sobre ele e propiciar o constante desenvolvimento do potencial do cérebro é a nossa inteligência.

Inteligência significa saber fazer escolhas adequadas frente aos inúmeros desafios. Sabemos que contamos com diversas formas de inteligência: lingüística, lógica, musical, espacial, cinestésico-corporal, intrapessoal (emocional) e interpessoal (social). Mas a inteligência "alimenta-se" de estímulos e é exercitada com a prática.

Viver muito, e fazê-lo bem, talvez seja o maior desafio que a vida nos coloca! E para tal precisaremos da comida, mas daquela comida escolhida com inteligência, levando em conta todas as nossas necessidades e nossa história de vida, que nos reconhece seres humanos, imperfeitos e falíveis, mas com uma "baita" vontade de acertar.

Para praticá-la não basta saber tudo sobre os alimentos, nem como nosso corpo funciona: é preciso cultivar o hábito de sintonizar-se em você!

Em sintonia com você

1. Procure dividir o seu dia em três períodos: oito horas dedicadas ao descanso, oito horas dedicadas ao trabalho e oito horas dedicadas a você.
2. Evite as dietas, elas não funcionam!
3. Guie-se pela fome, não pelo apetite!
4. Faça refeições pequenas e coma sempre que sentir fome.
5. Pare de comer assim que saciar a fome.
6. Preocupe-se em comer com qualidade para manter a saúde.
7. Ao invés de contar calorias procure conhecê-las!
8. Evite pesar-se: guie-se pelo espelho, pelas medidas e pelas roupas.
9. Compre roupas agora, conviva bem com o seu corpo atual.
10. Quando sentir vontade de comer algo, coma, e sem culpa! Mas antes pergunte-se: "Você está com fome de quê?"
11. Aprenda a reconhecer, controlar e canalizar os sentimentos.
12. Ao invés de ignorar as feridas procure enfrentá-las.
13. Tente olhar por vários ângulos.
14. Alivie seu coração angustiado, ponha pra fora: fale, chore, grite!
15. Exercite o bom humor!
16. Conviva com pessoas pra cima.
17. Ponha a música na sua vida: cante, toque, dance.

18. Pratique um *hobby*: faça algo pelo simples prazer de fazer!
19. Programe maneiras de estar mais ativo sem precisar sair da rotina.
20. Dedique-se às atividades físicas nas quais você sente prazer.
21. Aproveite ao máximo seu dia: saiba usufruir da luz do sol.
22. Conviva com pessoas. Saia da toca! É uma maneira de se conhecer.
23. Vá em busca da realização de seus sonhos.
24. Faça as mudanças aos poucos: dê-se um tempo para se adaptar!
25. Descubra o que lhe faz feliz.
26. Seja feliz agora!
27. Simplifique a sua vida pois a felicidade precisa de espaço!

Capítulo 20

A felicidade precisa de espaço

Acho que estamos vivendo atolados no meio de tanta coisa que definitivamente não sobra espaço para a felicidade. Gastamos nossas energias e o nosso tempo cuidando das nossas coisas, da nossa casa, dos nossos problemas, das nossas dietas, das nossas doenças, e não sobra espaço para cuidarmos de nós!

E acumulamos coisas, tarefas, relacionamentos, insatisfações que ficam guardados, escondidos, em nossas gavetinhas internas. Algumas a vida nos força a abrir, mas inúmeras passamos anos ou até uma vida inteira sem abri-las. É tanto espaço ocupado em nossa casa com coisas, em nosso corpo com comida, em nossa mente com compromissos e em nosso coração com mágoas que não sobra espaço para sermos felizes.

E como se não bastassem os nossos problemas, adotamos os problemas dos outros e se preciso for criamos outros para podermos nos "distrair" e não termos que pensar em nossa própria vida. Preferimos ouvir os outros que nos dizem o que fazer, o que comer, como nos comportar, mas nos esquecemos do principal: de nos ouvir. Quem deve saber das nossas reais necessidades somos nós e não devemos "passar procuração" da nossa felicidade pra ninguém! Torna-se, então, uma questão de rever prioridades, de verdadeiramente se conhecer. E se você estiver também atolado no meio de tanta coisa, tantas tarefas e compromissos, tanta "falta de tempo", pare! Arregace as mangas e comece uma faxina na sua vida e libere muito, muito espaço, pois a felicidade precisa dele para existir.

Mensagem

Para um jardineiro amigo meu

Acredito que Deus nos conduz por caminhos capazes de nos tornar seres humanos melhores, mas é preciso deixar-se levar. E foi Ele quem me levou para Vitória em 96. E lá presenteou-me com um grupo de alunos com os quais compartilhei três anos de momentos inesquecíveis de crescimento pessoal e profissional.

É para eles, alunos do grupo Juventude Acumulada, que desejo fazer esta homenagem. Dizer-lhes que "Vitória" me fez uma pessoa melhor, em todos os sentidos! E que esse grupo único, com certeza me estava reservado por Alguém que sabia que eu precisava de colo, mas, sobretudo, precisava de amigos! Muito obrigada, meus amigos!

E dentre esses amigos, um especial! Especial não porque nos deixou, mas porque quem o conheceu sabe que era especial. Ele dizia: "O homem quer conquistar o mundo, mesmo que seja uma terra destruída. A mulher quer construir um jardim".

Você, Luiz Antônio, foi um desses raros homens capazes de se manterem homens sem a vergonha de se admitirem sensíveis ao perfume das flores. Homens raros "cujos pensamentos estão sempre cheios de jardins". Não sei se percebeu a dimensão do bem que nos fazia naquelas nossas reuniões das tardes de segunda-feira, lá em Vila Velha, no Martina Toloni. Deixou-nos a saudade, mas a certeza de que existiam outros jardins precisando de você. Fique com Deus, meu amigo!

Projeto

Saúde Inteligente

Dra. Alda Ribeiro

Inteligência é um potencial biopsicológico do ser humano e significa "escolher entre". É, portanto, a capacidade de selecionar, de fazer as escolhas adequadas. Somos portadores de múltiplas inteligências e elas podem ser desenvolvidas ao longo de toda a vida se recebermos estímulos coerentes e significativos, e se houver motivação. A inteligência nutre-se de *conhecimentos* e aprimora-se com a *prática,* e é a principal ferramenta na construção da saúde.

Habituamo-nos a achar que saúde "se compra na farmácia", de preferência na forma de comprimidos de nome complicado e de última geração, e que só o médico tem acesso a ela. Precisamos modernizar o conceito de saúde e reconhecer em nós os verdadeiros agentes da nossa saúde e que a doença apenas ganha espaço quando deixamos de "praticar" saúde.

A saúde depende da dedicação de cada um a si próprio todos os dias e o médico pode ajudá-lo nesta tarefa, mas a medicina não deve substituir a sua *atitude.* Buscar *Saúde Inteligente* é, portanto, selar um compromisso consigo de fazer as escolhas certas para o seu *corpo,* sua *mente* e seu *"coração",* mantê-los bem nutridos, periodicamente limpos e reciclados, prontos para se adaptarem às solicitações do dia-a-dia.

Os seguintes fatos justificaram esse projeto:

- A medicina puramente curativa, acostumada apenas a "apagar incêndios", já demonstrou entender bastante de doença, mas pouco de saúde;
- Que é possível prevenir doenças diminuindo a agressão ao organismo e fortalecendo as defesas naturais, mas isso não se "compra na farmácia", é o resultado de hábitos saudáveis;
- Que as doenças crônicas (hipertensão arterial, diabetes, obesidade, distúrbios cardiocirculatórios, gota, artrose, osteoporose, câncer) estão acontecendo mais precocemente e comprometem, e muito, a qualidade de vida das pessoas e seu desempenho cotidiano;
- Que as doenças crônicas não têm cura, têm controle, e seu controle depende da auto-disciplina e da adoção de hábitos saudáveis;
- Que as pessoas informam-se precariamente através da mídia e carecem de informações transmitidas numa linguagem simples, mas com embasamento científico;
- E que muita gente encontra-se desmotivada, precisando de um empurrãozinho para se ligar em si mesma.

Sobre a autora:

Alda Ribeiro é nascida em São Paulo, capital, há 41 anos; médica pela UnB *(1977-1982)*, especialista em Geriatria e Gerontologia pela Universidade de Pavia – Itália *(1983-1986)*. Autora dos livros: *Manual Para Viver Bem Uma Longa Vida (1991)* e *Quebrando os Tabus da Velhice (1995)* – Ed. Egrasa. Dedica-se ao projeto *SI – Saúde Inteligente*: no dia-a-dia praticando saúde nas escolas, nas empresas, na comunidade e em especial nas Faculdades Abertas à Terceira Idade.

IMPRESSO POR
PROVOGRÁFICA
TEL.: (11)4178-0522